JN295981

現代中国の
社会と福祉

王 文亮 編著

ミネルヴァ書房

はしがき

　本書は，大学で中国関連の専門を学ぶ学生ばかりでなく，広く中国の社会，中国の福祉，中国人の生活などに関心を持つ関係者の中国理解の一助となることを目指して企画されたものです。

　日本と中国はここ数年，「経熱政冷（経済が順調，政治が冷え込む）」という奇妙な関係を経て，最近の首脳相互訪問によってようやく関係改善の兆しが見えてきました。そのような中，日本社会においても，中国への注目度は一層高まっているような感じがします。

　ところで，現在世界中で渦巻く中国論はさまざまな様相を呈していますが，日本も例外ではなく，中国に関する見方や論調はまちまちで，とりわけ「中国崩壊論」と「中国ナンバーワン論」がその両極端にあると思われます。

　一体，中国の真の姿はどうなっているのか，また，中国は，近未来どこへ向かって進んでいくのか，答えを出すのが極めて困難で，大変複雑な作業を必要とします。ただ，少なくともこのような結論を出すことができるでしょう。国内および国際の情勢がどう変わっても，中国はそう簡単に崩壊することもなければ，逆に世界のナンバーワンになることもないだろう，と。というのは，中国の将来は，中国自身の社会構造，政治体制，価値観，歴史と伝統といった極めて複雑な要因に大きく規定されているからです。

　本書は，中国社会の真の姿を伝えるべく，あわせて11章を設けて，格差社会をめぐる政策転換，国民の生活水準と消費意識，婚姻と家庭，教育制度，急速な高齢化，高齢者の福祉，都市部の老齢年金と地域社会，障害者の生活保障と障害児教育，出稼ぎ労働者の生活環境およびその子どもたちの教育など，多くの角度から切り込んでいこうとしています。

　また内容の構成において，特に中国社会の初学者を意識して，できるだけ平明な文章を追求するほか，多くの図表と写真を盛り込むといった工夫をしました。もし本書で数名の若手研究者が解き明かした現代中国社会のいくつかの側面を読者の皆さんに感じ取っていただけたなら，編著者として，これ以上の喜

びはありません。

　最後に，企画段階から最後まで適切な助言をいただき，大変お世話になったミネルヴァ書房編集部の音田潔さんに心から御礼申し上げます。また，同編集部の関係者の方にも深甚な感謝を表します。

　　2007年7月

編著者　王　文亮

目　次

はしがき

第1章　格差社会から調和社会への方向転換 …… 1

1　急速に拡大する所得格差 …… 1
（1）危険水域に達したジニ係数 … 1
（2）所得格差の急拡大 … 2
（3）消費支出の格差 … 4

2　格差社会の進行と社会保障制度の不備 …… 6
（1）二重構造の社会保障制度 … 6
（2）社会保障制度の機能 … 7

3　「調和社会」への方向転換 …… 11
（1）経済優先主義の堅持 … 11
（2）「調和社会」の目標 … 13
（3）「調和社会」の達成状況 … 14
（4）「調和社会」と国民の生活保障 … 16

コラム　国民の幸福度 …… 19

第2章　生活水準の向上に伴う消費欲の大爆発 …… 21

1　消費スタイルの変化 …… 21
（1）可処分収入の上昇と消費分野の拡大 … 21
（2）都市住民の新しい消費トレンド … 24
（3）多様なライフスタイルの登場 … 25

2　急速に高まるブランド志向 …… 28
（1）国産ブランドと海外ブランドの激突 … 28
（2）広がる異常なブランド志向 … 31

3　広告の信ぴょう性と消費者の権利擁護 …… 33
（1）広告宣伝時代の到来 … 33
（2）虚偽広告の氾濫と対応策 … 35

　　　　（3）　多発する消費者の苦情…37

　　コラム　生活習慣病の増加……………………………………………39

第3章　13億人の性意識革命と社会変動…………………………41
　　1　社会構造の激変と性意識の革命………………………………41
　　　　（1）　タブー視された性の解放…41
　　　　（2）　出産意欲の低下…42
　　　　（3）　独身女性の出産権…44
　　2　幸せな結婚の必要条件…………………………………………45
　　　　（1）　結婚式の歴史的変遷…45
　　　　（2）　膨大な結婚消費マーケット…47
　　　　（3）　高騰が続く結婚費用…48
　　3　家族倫理の危機と離婚率の上昇………………………………51
　　　　（1）　急増する離婚…51
　　　　（2）　離婚手続の簡素化…52
　　　　（3）　浮気は離婚の最大要因…53
　　　　（4）　家庭内暴力に脅える女性…55

　　コラム　干支と出産……………………………………………………59

第4章　変化する教育制度と国民の教育機会 ……………………61
　　1　教育の格差と国民の階層化……………………………………61
　　　　（1）　教育機会の不平等拡大…61
　　　　（2）　教育機会の不平等による国民の階層化…63
　　　　（3）　教育財政の特徴…65
　　　　（4）　義務教育の費用負担…66
　　2　大学生の就職難問題……………………………………………68
　　　　（1）　厳しい就職戦線…68
　　　　（2）　大学生就職難の背景…70
　　　　（3）　技術労働者はなぜ少ないか…72
　　3　世界を行く中国人留学生………………………………………74
　　　　（1）　沸騰する留学ブーム…74
　　　　（2）　過熱する英語教育…75

　　　　（3）帰国留学生の優遇策…76

　　コラム　学校選択費………………………………………………80

第5章　高齢化の進展と老人扶養意識の変化 ………………81

　1　急進する人口高齢化………………………………………81
　　　　（1）人口高齢化の趨勢…81
　　　　（2）人口高齢化の特徴…84

　2　高齢者福祉事業の発展と問題点……………………………85
　　　　（1）高齢者福祉事業の展開…85
　　　　（2）高齢者福祉事業の問題点…89

　3　老親扶養の危機と大学生の扶養意識………………………91
　　　　（1）啃老族──中国版パラサイト…91
　　　　（2）老親扶養の危機…93
　　　　（3）大学生の老親扶養意識…95

　　コラム　月光族……………………………………………………99

第6章　都市部年金保険制度の形成と改革 …………………101

　1　計画経済期の年金保険制度 ………………………………101
　　　　（1）制度の創設…101
　　　　（2）制度の発展…103
　　　　（3）制度の凍結…103
　　　　（4）制度の再建…104
　　　　（5）制度の特徴…104

　2　年金保険制度改革への模索 ………………………………106
　　　　（1）制度改革の背景…106
　　　　（2）制度改革の過程…111

　3　基本年金保険制度の内容と問題点 ………………………112
　　　　（1）制度の内容…112
　　　　（2）制度の実施状況…113
　　　　（3）制度の問題点…116

　4　年金保険制度における今後の課題 ………………………118

　　コラム　企業内部定年退職者の肥大化 ………………………121

第7章　都市部地域社会の変容とコミュニティ・サービスの展開 123
 1　都市部地域社会の変容 ……………………………………………… 123
 2　社区服務とは ………………………………………………………… 125
  （1）社区の言葉の意味…125
  （2）社区服務の展開…126
 3　社区服務の活動 ……………………………………………………… 127
  （1）都市部の中心で展開する活動…127
  （2）古い下町で展開する活動…131
  （3）調査から見えてきた活動…134
 4　社区服務が抱える課題 ……………………………………………… 136
  （1）公共性の確保…136
  （2）福祉的サービス資源の調達…136
  （3）独立性…137
 5　中国と日本の比較 …………………………………………………… 138
 コラム　ボランティア活動 …………………………………………… 141

第8章　障害者の生活保障と社会福祉サービス ……………………… 143
 1　障害者の人数とこれまでの福祉政策 ……………………………… 143
  （1）障害者数の推移…143
  （2）障害者福祉の基盤整備…143
  （3）関連法規に見る障害者の権利保障…145
 2　障害者福祉の基本方針と生活保障 ………………………………… 146
  （1）障害者福祉の基本方針…146
  （2）障害者就業の促進…146
  （3）障害者の就業率と就業実態…148
 3　障害者の生活保障と福祉サービスの供給 ………………………… 150
  （1）生活保障関連制度…150
  （2）社会福祉サービスの供給と社区の役割…151
 コラム　全国障害者の日 ……………………………………………… 154

第9章　障害児教育の歩みと展望 ……………………………………… 155
 1　近代障害児教育の始まり …………………………………………… 155

　　　　（1）障害児教育の長い歴史…155
　　　　（2）宣教師による障害児教育…155
　　　　（3）中華民国期の障害児教育…156
　　2　国家の教育事業としての障害児教育 …………………158
　　　　（1）障害児教育の体制づくり…158
　　　　（2）障害者組織による支援…159
　　3　障害児教育の停滞から再建へ …………………160
　　　　（1）文化大革命期の障害児教育…160
　　　　（2）障害児教育の再建…160
　　4　障害児教育の変化 …………………161
　　　　（1）知的障害児教育への着手…161
　　　　（2）特殊学級の付設…161
　　5　新たな教育形態の導入 …………………162
　　　　（1）農村・山間部での試み…162
　　　　（2）随班就読の政策化…162
　　　　（3）随班就読の本格的な実施…163
　　　　（4）特殊学校の役割の重視…164
　　　　（5）随班就読の問題点…166
　　6　障害児教育の現状と課題 …………………166
　　　　（1）入学率の推移…166
　　　　（2）未就学児童の問題と奨学金制度…167
　　コラム　中国の特殊学校 …………………169

第10章　農民工の労働環境と社会保障政策 …………………171
　　1　農民工の由来と規模 …………………171
　　　　（1）農民工の定義と戸籍制度…171
　　　　（2）農民工の特徴…173
　　2　農民工の労働と生活 …………………176
　　　　（1）賃金の不払い…176
　　　　（2）厳しい労働環境…177
　　　　（3）悪い健康状態…179

- 3　農民工の社会保障制度 …………………………………………181
  - （1）都市社会保障制度の現状…181
  - （2）土地の生活保障機能…182
- 4　農民工社会保障政策のゆくえ …………………………………183
  - （1）3つのモデル…183
  - （2）3本の保障線…186

コラム　農民工村の再建 ……………………………………………189

第11章　農民工の子ども教育 …………………………………191

- 1　義務教育と農民工の子ども教育 ………………………………191
  - （1）義務教育の体系…191
  - （2）義務教育制度の欠陥…193
  - （3）農民工の子ども教育の社会的背景…195
- 2　流動児童の教育 …………………………………………………196
  - （1）関連政策の変化…196
  - （2）公立学校での借読…197
  - （3）民工子弟学校の登場…198
  - （4）流動性の高い民工子弟学校…199
  - （5）流動児童の教育の現状…202
- 3　留守児童の生活環境 ……………………………………………203
  - （1）留守児童の実情…203
  - （2）留守児童の問題点…204
- 4　農民工の子ども教育対策 ………………………………………205

コラム　黒校車 ………………………………………………………207

索　引……………………………………………………………………208

第1章 格差社会から調和社会への方向転換

① 急速に拡大する所得格差

（1） 危険水域に達したジニ係数

ジニ係数とは，世帯間の所得格差を「0〜1」の数値で表したもので，ゼロに近いほど格差が小さく，1に近いほど大きくなります。

中央省庁の一つである国家統計局の家計調査によれば，1978年，所得分配の不平等度を表すジニ係数は，都市住民で0.16，農村住民で0.21しかなく，異常とも言えるほど小さいものでした。しかしその後，国の所得分配政策などの変化によって都市と農村における所得格差が急速に拡大しました。2001年の時点で，中国のジニ係数はすでに0.45に達し，国際社会で言っている警戒ラインの0.40をすでに突き破り，かなり危険なレベルに達しました。また，総人口の20%を占める最貧困層が所得・消費額に占める割合はわずか4.7%にすぎない一方で，総人口の20%にあたる最富裕層はなんと所得・消費額の50%を占めました。[1] これらの数字は世界的に見ても非常に深刻な状況を示していることは間違いありません。

国際労働機関（ILO）の統計によれば，1990年代，ジニ係数のもっとも高い10カ国は，アフリカのシエラレオネ0.629，南米のブラジル0.601，北米のグアテマラ0.596，南アフリカ0.593，南米のパラグアイ0.591とコロンビア0.572，中米のパナマ0.571，アフリカのジンバブエ0.568，南米のチリ0.565，アフリカのギニアビサオ0.562でした。現在，中国のジニ係数は一体どこまで進んでいるかについて統一見解はありませんが，少なくとも中国はこれら貧富格差のもっとも大きい国々に着実に近づきつつあると言えましょう。

中国はわずか20数年で，平等主義を標榜する国からこれだけ不平等な国に豹変し，貧富格差の拡大速度は世界的に見ても極めて稀です。

2005年12月16日，国連開発計画（UNDP）が「2005年中国人間開発報告書」

を発表しました。同報告書は，中国のジニ係数はすでに0.40を超え，0.45に達しており，もしジニ係数は引き続き拡大すれば，中国社会の安定は大きく脅かされるだろうという厳重な警告を発しました。

炎天下の農作業

中国数千年の歴史がすでに繰り返し証明したように，貧富格差の拡大は社会動乱，王朝交替の最大要因であったという点を考えれば，格差社会の進展になんとか歯止めをかけなければならないことは自明のことです。

（2） 所得格差の急拡大

中国の改革開放は農村の経済体制改革を突破口としました。その成功は，都市部が市場経済に向かって改革を進めていくために経済的，社会的，政治的基盤を提供しました。1984年，改革は農村から都市へと全面的に展開されるようになりましたが，一方で，社会主義制度の性質が問われるほど大きな社会問題も同時に急浮上しました。それは，国民経済が画期的な変貌を遂げつつある中で急速に拡大する都市と農村の所得格差です。

図表1-1が示すように，改革開放元年といわれる1978年から2006年までの20数年間，都市住民の収入は常に農村住民の2倍以上，近年では3倍以上の水準で推移しています。

農村住民の1人当たり純収入は1985年に398元（2006年の為替レートで1元＝15円）でしたが，2006年には3,387元に達しました。物的な豊かさで測った農村住民の生活水準は確かに大きく向上しました。一方，都市住民の1人当たり可処分収入は同時期に739元から1万1,759元に増加しました。

2006年の時点で，農村住民の1人当たり純収入と都市住民の1人当たり可処分収入を比較すると，その格差は3.47倍です。他方，1978年時点の格差は2.56倍でした。この20数年間，格差が2倍を割り込んだ時期もありましたが，この2時点を比較する限り，都市住民と農村住民の所得格差の縮小はほとんど進んでおらず，むしろ拡大していると言わざるを得ません。

ここで，さらに2つの点に注意しなければなりません。第1に，同じ所得と

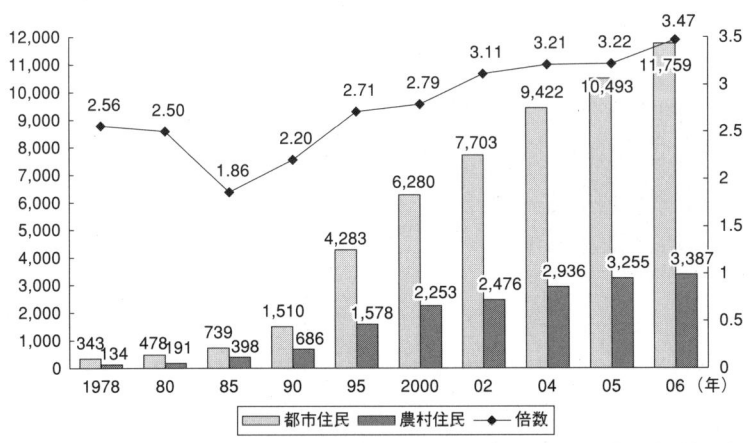

図表1-1 農村住民と都市住民の1人当たり年間所得格差（単位：元）

年	都市住民	農村住民	倍数
1978	343	134	2.56
80	478	191	2.50
85	739	398	1.86
90	1,510	686	2.20
95	4,283	1,578	2.71
2000	6,280	2,253	2.79
02	7,703	2,476	3.11
04	9,422	2,936	3.21
05	10,493	3,255	3.22
06	11,759	3,387	3.47

出所：各年の中華人民共和国国家統計局編「国民経済・社会発展統計公報」『中国統計年鑑』中国統計出版社より作成。

いう概念を使っていますが，農村住民のそれは収入総額から生産コストを差し引いた純収入であって，税・負担金を納めるのはもちろんのこと，次期農業生産資材などの購入にも使われます。それとは対照的に，都市住民のそれは所得税と社会保険料などを差し引いた，自由に使える可処分所得です。

第2に，非農業戸籍の都市住民に対しては，医療，年金，住宅，教育などさまざまな給付が制度的に保障されていますが，農業戸籍の農村住民は，ほとんど自助努力でそうした問題に対応していく以外に方法がありません。統計データに現れてこない部分も含めるならば，都市と農村の格差はさらに大きくなるに違いありません。

都市部における可処分所得の急速上昇が可能となったのは，労働者の賃金の急速上昇が背景にあります。労働・社会保障部（中央省庁）によれば，過去5年間，都市労働者の賃金は大幅に増え，2005年末の時点で，現役労働者の平均賃金は1万8,000元に達し，年平均伸び率は12.6％でした。賃金水準の急速な上昇は，結果的に都市住民の可処分収入の急速な上昇をもたらしたのです。

ところで，農村住民の純収入も毎年のように増えているとはいえ，伸び率は都市住民の可処分収入になかなか追いつきません。とりわけ1999年以降，両者の開きは一層大きくなりました。1999年には都市9.3％であるのに対して農村はわずか3.8％，そして2000年には都市6.4％，農村2.1％，01年には都市8.5％，

農村4.2％，02年には都市13.4％，農村4.8％，03年には都市9.0％，農村4.3％，04年には都市7.7％，農村6.8％，05年には都市9.6％，農村6.2％，06年には都市10.6％，農村7.4％となりました。

建設現場の出稼ぎ労働者

もちろん，所得格差は都市と農村だけではなく，都市住民の1人当たり可処分収入にも地域格差が存在します。国家統計局が発表した2005年10月都市部の1人当たり可処分収入額によると，全国平均は855元となり，それを上回る地域は上海市，北京市，浙江省，広東省，福建省，天津市，江蘇省，山東省の8地域です。そのうち，1,500元を超えたのは上海，北京の両市のみで，浙江，広東，福建の3省が1,000元以上でした。8地域はいずれも沿海部ですが，大連，瀋陽の2大都市を擁する沿海の遼寧省は平均を大きく下回る762元となりました。また，トップの上海市と最下位の海南省の間には2.46倍の開きがありました。それにしても，地域の所得格差が5.74倍に拡大している農村部に比べ，都市部の地域格差はそれほど大きくないとも言えましょう。

（3） 消費支出の格差

所得格差の拡大は，当然のことながら消費支出の格差ももたらします。

2005年，農村住民の生活消費における現金支出は1人当たり2,135元で，毎月は178元になります。これはあくまでも全国の平均数字ですが，地域別に見ると，格差は非常に大きいことが分かります（図表1-2）。

各地域のうち，上海市は飛びぬけて高く7,092元です。チベット自治区はもっとも少なくわずか970元にすぎません。上海市とチベット自治区の格差は7.31：1です。

ほかの地域を1人当たり現金支出額順にグループに分けてみると，以下の通りになります。

3,000元以上のグループ：①北京市，②浙江省，③広東省，④江蘇省
2,000〜3,000元のグループ：①天津市，②福建省，③遼寧省，④山東省，⑤

図表 1-2　2005年地域別農村住民の1人当たり生活消費における現金支出額（単位：元）

地域	金額	地域	金額	地域	金額
全国	2134.58	浙江	5178.56	重慶	1494.18
北京	5273.62	安徽	1797.66	四川	1623.02
天津	2956.11	福建	2928.89	貴州	1095.55
河北	1916.94	江西	1946.19	雲南	1256.84
山西	1636.83	山東	2470.39	チベット	969.45
内モンゴル	1992.06	河南	1520.18	陝西	1642.78
遼寧	2491.54	湖北	1813.40	甘粛	1295.65
吉林	1990.22	湖南	2178.48	青海	1445.35
黒龍江	2295.17	広東	3224.28	寧夏	1648.53
上海	7091.46	広西	1860.36	新疆	1582.17
江蘇	3137.88	海南	1523.85		

出所：中華人民共和国国家統計局編『中国統計年鑑2006』中国統計出版社，2006年，375頁より作成。

黒龍江省，⑥湖南省

1,000～2,000元のグループ：①内モンゴル自治区，②吉林省，③江西省，④河北省，⑤広西チワン族自治区，⑥湖北省，⑦安徽省，⑧寧夏回族自治区，⑨陝西省，⑩山西省，⑪四川省，⑫新疆ウイグル自治区，⑬海南省，⑭河南省，⑮重慶市，⑯青海省，⑰甘粛省，⑱雲南省，⑲貴州省

　以上のように，1人当たり現金支出額が1,000～2,000元の地域がもっとも多く，あわせておよそ全国の6割に相当する19の省・自治区・直轄市に及びます。年間現金支出額は1,000～2,000元ですから，月額に直すと83～167元程度です。つまり，全国大多数の地域では農村住民の生活消費にかかる現金支出は，かなり低い水準にとどまっていると言えましょう。

　一方，都市住民の間でも現在非常に激しい消費支出格差が現れています。2004年，都市住民の1人当たり消費支出額を所得5分位階級別に見た場合，高所得世帯は1万3,753元，中高所得世帯は8,398元，中等所得世帯は6,498元，中低所得世帯は5,096元，低所得世帯は3,396元で，高所得世帯は低所得世帯の4.05倍に達しました。[2]

　生活水準の高低を測るには，エンゲル係数がよく使われます。1978年から，農村住民のエンゲル係数は常に都市住民のそれより高い水準で推移してきまし

た。格差のもっとも大きい年には，両者間の開きはちょうど10ポイントぐらいに達しています。しかし，両者間の格差が一気に接近した年もあります。それは改革開放初期にあたる1980年代で，もっとも近づいたのが1989年で，なんと54.8：54.5という奇跡的な数値を記録しました。

　しかしその後，改革政策の重点が次第に都市部に移されていくにつれ，都市住民の所得が飛躍的に増え，生活水準が大きく向上する反面，農村住民の所得は深刻な伸び悩みに陥りました。その結果，エンゲル係数における格差がふたたび増大傾向に転じ，ついに改革開放前と同等の10ポイントの開きに達しました。

　1995年，都市住民のエンゲル係数は50.1％であったのに対して，農村住民は58.6％でした。その後，98年には都市44.7％，農村53.4％，2000年には都市39.4％，農村49.1％，04年には都市37.7％，農村47.2％，06年には都市35.8％，農村43.0％となりました。

② 格差社会の進行と社会保障制度の不備

（1）　二重構造の社会保障制度

　中国の社会保障制度は，①社会保険，②社会救済，③社会福祉（企業福利厚生を含む），④優撫配置（現役軍人，退役軍人およびその家族・遺族に対する優遇策），⑤社会扶助，⑥個人積立貯蓄保険（生命保険など）という6つの基本制度で構成されます。その中で，社会福祉は極めて狭い範囲のものしかなくて，養老，失業，医療，出産育児，労働災害という5つの社会保険は社会保障の中核を成しています。

　1949年新中国建国以降の社会保障の流れを見てみると，上記の①社会保険といえば，農村では1990年代まで皆無の状態でした。1990年代初頭からは農村社会養老保険制度が立ち上げられたものの，原資調達の仕組みや年金給付などから見て，果たして社会保険と言えるかどうか，大きな問題があります。

　②社会救済，④優撫配置，⑤社会扶助は農村住民も適用対象としていますが，ごく少数の者であって，全員をカバーするようなものではありません。③社会福祉は従来，都市部の企業・事業体で行われているもので，農村住民とほとんど関係の無い制度です。

⑥個人積立貯蓄保険はそもそも社会保障制度の中に組み入れられること自体は非常に珍しいのですが，中国ではそれが社会保障制度の一環として重要視されています。しかし，それを利用するのはやはり経済的余裕のある都市住民であり，農村住民の間で生命保険の加入はごく稀なことです。

この都市と農村の二重構造は，そのまま社会保障制度にも反映され，社会資源の配分や便益享受の格差を固定化させてしまい，総人口の大多数を占める農村住民には土地という生産財のみを媒介とした私的あるいは家族的保障と孤児孤老に対する集団保障制度があるのみです。社会保障制度には都市と農村の格差が存在し，それぞれの整備状況には雲泥の差があります。

1993年11月の共産党第14回党大会第3回中央総会で採択された「社会主義市場経済体制構築の若干の問題に関する決定」は，社会保障制度改革の基本原則と道筋を明確に示しています。それによれば，現在，さらに今後の数十年間に向けて，都市と農村の二重構造を持つ社会保障制度が引き続き維持されていくことになりました。

（2） 社会保障制度の機能

社会保障にはさまざまな機能がありますが，所得再分配は経済的な面からみた社会保障の機能の一つです。それはつまり，市場経済メカニズムに任せていては公正な所得分配が確保されない状態に対して，所得を個人または世帯の間で移転させることにより，低所得者の所得を引き上げたり，国民全体の所得格差を縮小したりする機能です。

先進諸国では，社会保障はそうして所得格差の是正に大きく寄与しています。例えば，日本の厚生労働省「所得再分配調査（2002）」では，全世帯の当初所得（市場経済メカニズムを通じて確定した所得）のジニ係数が0.4983であるのに対して，再分配所得（当初所得から税・社会保険料を控除し，年金・医療費などの給付を加えたもの）のそれは0.3812となり，再分配によって所得格差が改善されています。

また，この所得格差の改善度を，租税負担を通じた改善度と社会保障を通じた改善度に分けてみると，租税負担による改善度が年々低下しているのに対し，社会保障による改善度は上昇しています。さらに，当初所得の平均所得額は510万8,000円ですが，この当初所得から社会保険料（47万6,000円）と税金（48万6,000

円）を差し引き，社会保障給付の受給合計額（160万6,000円）を加えた再分配所得は575万2,000円となっています。こうした所得再分配によって，100万円未満の所得階級および900万円以上の所得階級で世帯数が減少し，100万円以上900万円未満の世帯数が増加しています。すなわち，所得再分配後の世帯分布は当初の分布より中央に集中しており，所得再分配により所得格差が縮小しました。

中国においてこのような調査はまだ行われていませんが，都市と農村の二重構造をはじめ，社会保障制度の設計は所得格差の是正に寄与するどころか，むしろ所得格差を一層拡大させるような機能を持っています。

以上すでに言及したように，1人当たり年間所得を見た場合，都市住民は農村住民の3倍以上です。本来ならば，社会保障給付と個人所得税によってこの格差をある程度是正すべきですが，実際，農村地域では社会保障制度が都市ほど確立されていないため，農村住民が受けられる社会保障給付は都市住民よりはるかに少なくなります。結果として，中国では社会保障給付はむしろ都市住民と農村住民の間の所得格差を一層拡大させています。つまり，この両者間の格差は当初所得の3.47倍から再分配所得の5～6倍まで拡大しているということです。以下では中国の社会保障制度の現状を見ることによって，社会保障制度と格差社会との関連を具体的に考えてみます。

まず，最低生活保障制度の状況を見てみましょう。

都市住民最低生活保障制度に比べ，農村地域における同制度の設計や整備状況はかなり異なっています。[4] 2003年，都市部の最低生活保障受給者は2,246万8,494人であるのに対して，農村受給者は367万601人しかいなかったのです。前者は実に後者の6.12倍です。さらに，2003年農村人口と都市人口の比率は1.47：1であるということも加味すれば，最低生活保障の保護率（人口1,000人当たりの被保護人員割合）において都市と農村の間には絶大な格差があることは明らかです。実際，都市部と農村部の保護率はそれぞれ0.429‰と0.048‰であり，両者の格差はなんと8.94倍にも達しました。[5]

最低生活保障制度はさまざまな給付を通じて，極貧状態にある住民の家庭生活を援助していることは事実ですが，同制度は都市と農村の二重構造を持つため，都市と農村間の所得格差の是正に対してまったく無力であるばかりでなく，都市住民間の所得再分配においてもほとんど機能していません。というのは，給付水準は非常に低いためです。

2006年，都市部の最低生活保障受給者は2,241万人で前年より微増しましたが，農村部の受給者は1,509万人へと急増しました。中央政府は，2007年から農村住民最低生活保障制度の構築を全国範囲に拡大するという方針を打ち出しました。今後はどのような展開を見せてくるのか，注意深く見守る必要があります。次に，公的年金制度の整備状況を検証します。

　都市部労働者の公的年金制度は，新中国建国後の1950年代初期に作られたものです。同制度では，公的年金の財源はすべて事業所が負担する反面，被用者自身は保険料を納める必要がありませんでした。1980年代以降に行われてきた年金保険制度の改革は，企業保険を社会保険に転換させることに重点をおいています。そして社会保障制度改革の基本原則としては，保険料の国・集団（事業所）・個人（被用者）の共同負担が定められました。

　年金給付の前提条件は，被保険者が保険料を満15年（1997年統一制度が実施される前に就職した者は保険料納付見なし年数を含む）納めたことです。したがって，1997年統一制度が実施される前に就職した者と後に就職した者は，異なった年金の計算方法が適用されます[6]。

　2006年現在，都市部の現役労働者は約2億8,321万人います。かなりの企業とその従業員が年金保険に加入していないため，実際の加入率が必ずしも高くありません。加入者は合計1億8,649万人に上りますが，うち現役労働者は1億4,028万人，定年退職者は4,621万人です。つまり，現役労働者の年金保険加入率は49.55％にすぎません。

　一方の年金給付額ですが，制度の改革前と改革後とは相当違っています。年代は古ければ古いほど，賃金代替率が高くなります。近年になって，賃金代替率が早いペースで下がってきています（図表1-3）。

　図表1-3が示すように，都市部の公的年金はかつて高い代替率を持っていました。近年，著しく下がってきてはいるものの，依然として都市労働者の老後生活を確実に保障しています。ここで重要なのは，都市部の年金生活者は基本的に政府機関，事業体，国有企業，大型集団企業などの定年退職者です。彼らは現役時代に安定した職業に就き，社会主義経済体制の下で働いていました。そして定年退職後は比較的高い賃金代替率の年金をもらい，あまり困らない暮らしを送っています。この点において，都市部の年金生活者は失業者，一時帰休者，貧困者といった社会的弱者と違い，比較的に恵まれていると言えます。

図表1-3　都市部公的年金の賃金代替率等の推移

年	現役労働者賃金 (元／年)	年金 受給額(元／年)	年金 代替率(%)	都市住民1人当たり可処分収入 (元／年)
1980	762	714	93.7	478
1985	1,148	935	81.45	739
1990	2,140	1,760	82.24	1,510
1995	5,500	4,335	78.82	4,283
2000	9,371	7,190	76.73	6,280
2001	10,870	7,784	71.61	6,860
2002	12,422	8,881	71.49	7,703
2003	14,040	9,485	67.56	8,472
2004	16,024	9,808	61.21	9,422
2005	18,364	10,761	58.6	10,493

出所：中華人民共和国国家統計局編『中国統計年鑑2006年』中国統計出版社，2006年，157頁，906頁より作成。

　ただし同じ定年退職者でも，受給できる年金は決して同額ではなく，むしろ大きな違いが存在します。都市部の年金制度は政府機関，事業体，企業に大きく分かれており，財源，給付水準なども異なります。給付水準において，もっとも高いのが政府機関であり，もっとも低いのが企業です。

　2005年，政府機関定年退職者の1人当たりの年金額は1万7,633元，事業体は1万6,148元であるのに対して，企業の定年退職者は8,565元しかなかったのです。政府機関定年退職者の1人当たりの年金額は企業定年退職者の2倍強でした。この格差は地域によってもかなり違います。例えば，北京市では政府機関2万8,117元，事業体2万33元，企業1万3,418元，政府機関対企業は2.10：1でした。海南省では政府機関1万7,472元，事業体1万5,966元，企業5,580元，政府機関対企業は3.13：1でした。

　このような格差は定年退職なのか，離職休養なのかの違いによっても生じています。社会主義中国は長年の革命戦争に勝利を収めて建国したものです。その革命戦争を戦い抜いた功労者は年取った際に定年退職ではなく，離職休養という名目で職場を退き，定年退職者より高い年金を受給し，悠々とした老後生活を送ります。

　2005年，企業からの離職休養者の1人当たりの年金額は2万1,948元であって，企業の定年退職者の2.56倍にも相当します。事業体からの離職休養者の年金額は2万3,022元であり，それは事業体の定年退職者の1.43倍に当たります。

そして政府機関から引退した離職休養者の年金額は2万5,157元で，定年退職者との差が同じく1.43倍でした。[7]

ところで，農村地域の公的年金制度はどのような状況にあるのでしょうか。

農村住民を対象とする公的年金制度の始動は1990年代の到来を待たなければなりませんでした。1992年，全国の農村社会保障も担当する中央省庁・民政部は「農村社会養老保険の基本案（試行）」を制定，公布しました。同基本案は法的拘束性が無いため，ほとんど地方政府の自主的実施に委ねています。

その後まもなく，制度に内包する構造的欠陥などの原因により，実施は停滞ないし衰退の局面を迎えてきます。その結果，同制度の実施地域と加入者が少なく，すでに受給を開始している高齢者は毎月受け取れる年金額は驚くほど少ないものです。

2003年，全国で197万6,000人の受給者に対して，総額9億7,248万6,000元の年金を給付しました。1人当たり給付額は年間492元でした。これは2003年全国農村住民の1人当たり純収入2,622元の5分の1にも満たないのです。さらに細かく計算すると，なんと月額は41元，1日当たりは1.37元となります。これで現行農村社会養老保険は，ほとんど役立たない制度であることがよく分かります。

③ 「調和社会」への方向転換

（1） 経済優先主義の堅持

経済発展，GDP成長の追求はあくまでもパイのサイズを大きくするための手段であって，パイをどうやって公平に切り，国民に平等に分け与えるかはまた別の問題です。経済発展は必ず公正な所得分配につながるとは限りません。場合によっては，経済発展は公正な所得分配をより一層損う可能性すらあります。現在，中国の経済発展は，結果的に国民間の所得格差を急速に拡大させていることは間違いない事実です。

国内総生産（GDP）は一定期間内に国内で生み出された付加価値の総額で，経済を総合的に把握する統計である国民経済計算の中の一指標として一般に使われます。このGDP成長率を見れば，改革開放から今日に至る中国の経済発展は，驚くべき速さで達成されていることが明らかとなります（図表1－4）。

図表1-4　GDP成長率（単位：％）

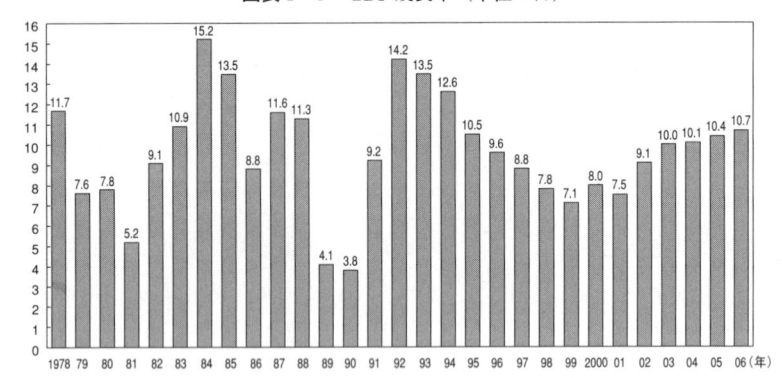

出所：各年の中華人民共和国国家統計局編『国民経済・社会発展統計公報』『中国統計年鑑』中国統計出版社より作成。

　このような高水準のGDP成長率を維持するのは，中国政府，とりわけ現政権の至上命題でもあります。理由はいたって簡単です。
　その1つは就労の確保です。中国では毎年，都市部だけでも膨大な数の労働者が労働市場に新規参入してきます。失業者と一時帰休労働者の再就職を促進すると同時に，新規参入者にも職場を提供しなければなりません。さらに農村余剰労働力の吸収・移転にも，新たな職場の開拓と提供が欠かせません。
　このような状況下でGDP伸び率は少しでも下がれば，たちまち失業者の大量増加，社会の混乱を招きかねません。国家統計局の見解では，国民経済が1ポイント増えると，70万ないし80万人の就職口が提供されるので，7％というGDP伸び率で計算すると，500万ないし560万人の就職口が生み出されることになります。逆にGDP伸び率が1ポイントでも下がれば，数百万人の失業者を放出してしまう結果になります。
　2つ目の理由は，年間約1,000万人の人口純増に対応するためです。人口が増え続ける中国では，食糧，教育，就労など，さまざまな分野において引き続き拡大政策を採らざるを得ません。それを支え，可能にするのが経済成長の持続的維持です。
　3つ目の理由は，外国資本に儲けさせるためです。経済成長が止まっている，ないしマイナス成長のところでは，商売は儲からないから当然資本が流れていきません。外国の資本がなくてはならない中国にとって，投資環境を絶えず良

くすることが必要不可欠です。その最大の魅力は低コストで儲かることです。中国で投資すれば，必ず儲かるという約束を果たすためには，高い経済成長を維持しなければなりません。

　最後に4つ目は，共産党幹部が自分の業績をいち早く作り出すためです。中国では，地方政府のトップは中央から業績を評価され，それが次の異動に関係してくるというシステムを採用されています。そしてGDP伸び率は，地方行政のトップの業績を評価する上で非常に重要な要素とされます。そのため，地方政府の幹部は「この際，水増しをしてでも」という発想になりがちです。

（2）「調和社会」の目標

　2002年11月，中国共産党第16期党大会が新指導グループを選出し，胡錦濤が総書記に就任しました。翌年3月に第10期全国人民代表大会第1回会議が温家宝を国務院総理に選出しました。胡・温政権が成立して以来，同政権に対する内外の評価は高いものです。まず同政権の特色は「親民と務実」だという評判が，ほぼ定着しています。「親民」とは人民に親しくすることで，「務実」は形式でなく実効を重んじる仕事ぶりを指します。

　一方の政策面において，現政権の目玉は，いわゆる「科学的発展観」の称揚，および「科学的発展観」の下での「調和社会」の実現です。この「科学的発展観」の真髄は，従来の粗放型経済成長モデルを科学的に転換させていく，つまり粗放型から集約型へ，エネルギーの大量消費からエネルギーの効率的使用へ，外需主導から内需主導へといったことを特徴とする大転換を図り，最終的に「調和社会」を実現するというところにあるとされています。

　また胡錦濤総書記自身の説明によれば，「科学的発展観」というのは，改革開放の推進，マクロコントロールの強化と改善，構造改革の加速，成長モデルの転換などを通して，都市と農村の発展，各地域の発展，経済と社会の発展，人と自然のバランスの取れた発展，国内の発展と対外開放をそれぞれ統一的に企画することによって，経済と社会の快速かつ良好な発展を実現しようとすることです。「科学的発展」は手段であるとすれば，「調和社会」はその実現すべき目標であると理解されるべきでしょう。

　2005年，政府は都市部より大きく立ち遅れている農村地域の経済発展と生活改善などを図るために，「社会主義新農村」の建設を本格的に提唱しました。

「新農村を建設しよう」と書かれたスローガン　　　　　　社会主義新農村の青写真

　「新農村」，あるいは「建設社会主義新農村（社会主義の新農村を建設する）」という言葉について，胡錦濤総書記は「生産発展（生産を発展させる）」，「生活富裕（生活を豊かにする）」，「郷風文明（風土を文明的にし，町並みを清潔に保つ）」，「民主管理（民主的管理をする）」という中国語で，わずか20文字に要約して表現したことがあります。

　2005年12月29日，第10期全国人民代表大会常務委員会は第19回会議で，1958年から施行されてきた農業税条例を2006年1月1日より撤廃すると決定しました。これで新中国建国後約半世紀にもわたる農業税がようやく撤廃されることとなりました。農業税の撤廃は農村住民の負担減に寄与し，社会主義新農村の建設にとっても1つのステップになったとはいえ，農村住民の所得増加や生活改善を根本的に保障するような政策決定ではありません。

（3）「調和社会」の達成状況

　「調和社会」の構築が立派な目標として掲げられてから，多くの国民に希望を与えています。一方，社会の調和度を，国民は一体どの程度実感できたのでしょうか。新華通信社が伝えたところによると，中国社会調査所が2005年12月30日に発表した住民アンケートで，住民の幸福感が2004年よりやや向上していますが，家庭生活に対する全体的な満足感は低下していることが分かりました。

　同調査は，住民の現状に対する感じ方を6つの分野に分けて数値化したものです。今回の調査では，「幸福感」に関する調査項目に新たに「社会の調和度」が加わりました。満足度は39.9％，不満足度は24.0％，「普通」と答えた人は36.1％でした。また，「家庭生活」に関する全体評価では，満足度が前年の40.6％から33.7％に低下しました。各項目別に見ると，「消費水準」が横ばいだった以

外，他の項目ではいずれもやや満足度が低下し，不満足度が上昇しています。「住宅に関する状況」では，満足度がもっとも大きく下がり，前年より12.1ポイント減の20.5％にとどまりました。「伝統的道徳」の項目では，不満足度がもっとも大きく上昇し，前年より24ポイント増の38.2％に達しました。

「慈善事業を支援し，調和社会を実現しよう」

　中国社会調査所は，報告の中で「中央政府は2005年に社会調和のための事業を多数行っていたが，さまざまな原因から，社会の調和度は依然として低い」と指摘しています。同調査は1995年から毎年行われており，住民の現状に対する満足度や幸福度を知るためのものです。調査の対象は，職業における声望，幸福感，家庭生活，安心感，社会保障，社会参加の6つの分野に及びます。2005年調査は11月から始まり，17の省・直轄市・自治区の住民2,000人を対象に行われました。

　北京市統計局制定の社会調和度を反映する指標の中には，2つの客観的指標と1つの主観的指標が含まれています。客観的指標は，社会衝突指標，社会衝突協調メカニズム指標です。主観的指標は，社会主体の社会訴求指標です。社会衝突指標の中には貧富格差，社会安定，環境資源の3つの類別があります。社会衝突協調メカニズムの中には社会保障，世論と民意の反映，民主と法制，社会応急対策，社会コントロールの5つの類別があります。

　北京市統計局の社会調和度調査が示したように，2000年から2004年までに，北京の社会調和度指数は100ポイントから120.83ポイントへと年平均4.8％も上昇しており，54.6％の被調査者が現在の北京は調和の取れた，活力に満ちた社会であると答えました。また，調和の取れた社会の実現について，72.8％の被調査者は自信がある，19.5％が普通だと答えたほか，自信が無いと答えたのはわずか6.5％でした。

　現政権が誕生してから高度経済成長を維持しつつ，格差社会の進展に歯止めをかけようと新たな政策を複数打ち出し，積極的に取り組んできています。これら政策の最終目標はパイのサイズを大きくする中で，できるだけパイを公平

に切り，国民に平等に分け与えることではないでしょうか。しかし残念ながら，所得格差の拡大は一向に減速する気配がありません。

（4）「調和社会」と国民の生活保障

　先進諸国の経験がすでに証明したように，公正な所得分配を確保するためには，社会保障をはじめとする所得再分配の機能整備は必要不可欠です。しかし中国の実情は，経済成長を追求するあまり，社会保障制度の整備を後回しにしてしまうというものです。現在，中国でも高齢化の進行が急速で，国民の社会保障と福祉に対するニーズがますます高まっています。

　北京市政治協商会議が2006年10月19日に発表した『北京社会化高齢者サービス調査研究』の報告によると，同市では12.7％の高齢者が施設入居を希望している一方，施設のベッド数は高齢者100人当たり1.52床しかなく，大きく不足しています。中国の高齢者施設は，その大部分が国や集団の投資で設立された公的施設です。白書『中国老齢事業の発展』によると，2005年末では，全国の社会福利院，敬老院，養老院，老人アパート，老人介護院などの施設は3万9,546カ所，ベッドは149万7,000床あるとのことです。高齢者の数から考えると，この数のベッドは1,000人当たり10床という割合になります。現在，施設入居を希望する高齢者は1億4,400万人の約5％と推定されますが，それだけでも必要なベッド数は約700万床に上ります。

　こうした状況を改善するためには，本来ならば，高度経済成長の成果をより大きく国民の生活向上に還元し，社会保障・福祉の整備と充足に対して国家財政の投入をより一層拡大すべきですが，中国政府が採っている政策と方針は必ずしもそうではありません。

　近年，中国政府はシルバーサービス業の発展を加速させる方針を打ち出し，その一環として，シルバーサービス業への外資をはじめとする民間資本の参入を大々的に奨励するようになりました。

　2005年11月16日，民政部（中央省庁）は，「民間の力による社会福祉施設の設立を支援することに関する意見」を通達しました。また2006年2月9日，国務院（内閣）は，全国老齢活動委員会事務室，国家発展・改革委員会，教育部，民政部，労働・社会保障部，財政部，建設部，衛生部，国家人口・計画出産委員会，国家税務総局といった中央省庁によって連名で提出された「シルバーサ

ービス業の発展を加速させることに関する意見」を承認し，全国の省・自治区・直轄市政府および各中央省庁に通達しました。

　後者は，シルバーサービス業の発展を加速させることの原則として，政策が指導し，政府が支援し，民間で行い，市場で促進するということを明らかにしています。つまり，この原則の下で在宅介護を基礎とし，コミュニティサービスを拠り所とし，施設入所を補充とするというようなサービス体系を構築するのです。特に民間資本が単独投資，合弁，合作，共同経営，株式といった投資方法でシルバーサービス業に参入することは奨励の対象となりました。

　国民の社会保障に対するニーズを有効に満たすためには，民間資本に任せていては当然不十分であり，また不公正，不公平，不平等などさまざまな問題が発生してくるし，国家財政の関連支出をどうしても確保する必要があります。一方で，中国の社会保障財政投入は極めて限定的なものです。したがって，民間資本の参入や地域住民の協力を最大限に図るほか，残りの道がほとんどありません。

　いずれにしても中国が「調和社会」を実現するためには，現在のような都市と農村の二重構造を持つ，かつ権利性と普遍性の欠けた社会保障制度を抜本的に見直す必要があるでしょう。高いジニ係数，都市と農村の二極化，病気になっても必要な治療を受けられない，といった状況のままでは，「調和社会」はどんなに美しい目標であっても，到底実現できるものではありません。

　民主主義体制が確立されていない中国では，国民は社会保障・福祉に対するニーズがどんなに高まっても，それらを自由に表現し，そして国政と地方政治への参加によって法制化，制度化し，満たしていくような仕組みが存在しません。その結果，長年も続く高度経済成長は確かに中国の国力増強や国民全体の生活向上に大きく寄与してきている一方で，富の分配という点において逆に不公平，不公正，不平等などさまざまな社会問題を深刻化させています。

　本来ならば，所得税制度と社会保障制度の整備と充足によって，格差社会の進展にいち早く歯止めをかけなければならないにもかかわらず，経済発展を最優先する戦略，社会保障の財源に占める国家財政支出の不十分，都市と農村の二重構造の維持などはむしろ所得格差をはじめとする諸格差の拡大をより一層促しています。したがって，今後，中国の格差社会を是正するには，全国民にとって公正な社会保障制度の整備如何にも大きくかかっているといっても過言

ではありません。

注
1） 汝信・陸学芸・李培林主編『社会藍皮書・2005年：中国社会形勢分析与予測』社会科学文献出版社，2004年，229頁。
2） 中華人民共和国国家統計局編『2005中国発展報告』中国統計出版社，2005年，326頁。
3） 王文亮「アジア各国の社会福祉・社会保障の制度政策」①中国，萩原康生編著『アジアの社会福祉』放送大学教育振興会，2007年，137～139頁。
4） 王文亮『九億農民の福祉―現代中国の差別と貧困』中国書店，2004年，395～397頁。
5） 王文亮『格差で読み解く現代中国』ミネルヴァ書房，2006年，258～259頁。
6） 王文亮『21世紀に向ける中国の社会保障』日本僑報社，2001年，36～38頁。
7） 中華人民共和国国家統計局編『中国統計年鑑2006』中国統計出版社，2006年，532～534頁。
8） 『人民日報』2004年1月2日付。
9） 『人民日報』2006年1月20日付。

第1章　格差社会から調和社会への方向転換

コラム

国民の幸福度

　中国では2000年以降，環境破壊や貧富格差の問題が深刻化し，国民の間では「果たして経済成長だけが我々を幸福にする要素なのか」と疑問視する声が高まりました。それを受けて，中国国家統計局が「国民の幸福指数」，「人間の全面発展指数」，「社会の進歩指数」などを策定，公表していく方針を打ち出しました。

　現在，全国各地方政府が新たな発展計画や指標を策定する際に，より多くの場合，人々の生活と密接な関係のある「民生」問題をめぐって進められるようになりました。具体的には例えば，発展計画の中で，省エネ，科学技術の進歩，社会の発展といった新指標が，工業増加額，第3次産業の増加額，社会消費財小売総額，全社会固定資産投資総額，輸出総額，実行ベース外資利用額など従来の指標に取って代わりつつあります。

　2006年7月，北京市統計局は18〜70歳までの7,118人の北京市民（他省出身者を含む）を対象に「国民の主観的幸福度」をテーマとする世論調査を行いました。結果を見ると，自己の幸福度を90点以上とした回答者は31.6%，60〜89点としたのは61.1%，60点以下としたのは7.3%でした。そのうち，北京市近郊にある区・県の市民の幸福度は80.5点で，市の中心部に比べて4.5点も高かったのです。また月収別に見ると，幸福度は，①4,000元未満の場合，所得の増加に伴い上昇する，②4,000元に達すると，起伏を繰り返しながら上昇し，5,000〜7,000元の中所得者がもっとも高くなる，③7,000元を超えると下降し始める，④1万5,000〜2万元になると，幸福度が確定的でなくなり，平均すると1,000〜1,499元の所得層と変わらなくなるということが分かりました。さらに年齢別に見ると，中年層は幸福感がもっとも低く，高齢者層（66〜70歳）がもっとも高かったのです（『人民網日本語版』2006年10月13日付）。

　2007年初頭に雑誌『瞭望東方周刊』が行った「31の中心都市（各省・自治区の中心都市と直轄市）幸福感大調査」によると，チベット自治区のラサは「人情」，「経済的チャンス」，「ここ数年の発展」という3つの項目でランキングの1位となり，ほかの地域より幸福感が高いことが分かりました。一方で上海市も，「生活の便利さ」，「建築の美観」，「文化・娯楽」の3つで幸福度1位となりました。「経済的チャンス」での幸福度ランキングでは，ラサの1位を除けば，上海，北京，広州など古くから経済の発達した都市が上位に並びます。「人情」での幸福度がもっとも高い3都市は，ラサ以外には南寧と長春で，逆に経済の発達した北京，上海，広州はベスト20にも入れなかったのです。1人当たりの所得が高い都市は，むしろ人情味は希薄であることを示しています。「ここ数年の発展」の幸福度では，ラサ，銀川，鄭州が上位で，この3都市の住民は，最近5年間の変化について，もっとも満足しています。一方，北京，上海，広州などの都市はそれほど高くありません（『瞭望東方周刊』2007年第7〜8期）。

第2章　生活水準の向上に伴う消費欲の大爆発

1　消費スタイルの変化

（1）　可処分収入の上昇と消費分野の拡大

　新中国建国から改革開放までの数十年間，中国の一般民衆がごく限られた収入で毎日質素な生活を送っていました。その生活必需品はほとんど衣食住に直接関係する必要最低限のものしかなく，貧しい農村住民は食事や衣類の確保すらままならなかったのです。

　中国人の消費スタイルに大変化が起き始めたのは，いうまでもなく1980年代以降です。市場経済の猪突猛進により，多くの億万長者を輩出させています。もちろん，中国人全体の所得水準も大きく引き上げられてきました。特に都市住民の可処分収入の連続的増加は目を見張るものがあります（図表2-1）。その結果，都市住民を中心に莫大な購買力が生まれ，中国人の消費対象は過去の衣食住に限られる日常生活必需品から消費多様化の時代へとシフトしていきます。

　ここ20数年間，中国人の消費が4つの段階を経ており，消費額でみると，最初の数百元から数千元，数万元へ，さらに数十万元へとだんだん巨大化してきました。改革開放初期では100元単位で，その主な消費は自転車，腕時計，テープレコーダーなどの購入でした。1980年代になると，1,000元単位のテレビ，冷蔵庫，洗濯機が三種の神器として珍重されていました。1990年代以降は万元単位の消費へと邁進し，家屋のリフォームやコンピュータなどが注目の的になりました。現在はさらに10万元単位の消費へとシフトし，自動車や不動産（マンション）の購入，海外旅行などは一般市民の射程距離にも入ってきました。

　2003年，中国の国内総生産は世界第6位を維持し，1人当たりのGDPは1,000ドルを超えました。経済学者によれば，1人当たりのGDPが1,000ドルという水準は経済成長の過程において，どの国にとっても非常に重要な指標です。それは中国の経済成長はすでに大変重要な段階にさしかかっていることを

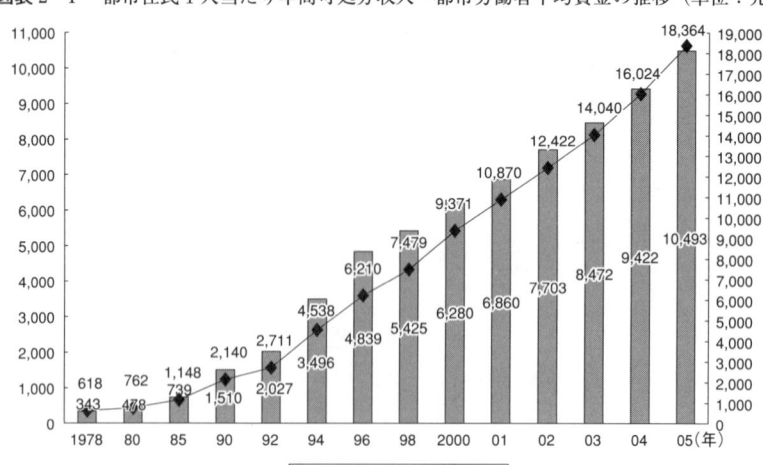

図表2-1　都市住民1人当たり年間可処分収入・都市労働者平均賃金の推移（単位：元）

出所：中華人民共和国国家統計局編『中国統計年鑑2006』中国統計出版社，2006年，157頁，347頁より作成。

意味します。つまり中国人の消費構造が大きく変化し始め，衣食を中心とした消費から住まいや交通などのより高いレベルの消費に進んでいき，今後，不動産と自動車に対する消費が経済成長をけん引するようになるのです。所得の向上に伴い消費分野の拡大は目に見えるように進み，中国人の生活支出の構成には質的な変化が起き始めています。

中国人はかつて日常生活の消費を衣食住にとどめざるを得ず，消費対象の「有用度」の高低を商品の価値を判断する唯一の基準としていましたが，今は変わりつつあります。花の消費はその顕著な一例です。一昔前，中国のどこにも花屋が無かったのです。花を売る店もなければ，花を買う人もいませんでした。需要がなければ，当然，農家は誰も花を栽培しません。病人見舞いには，食べられなく使えない花でなく，果物や食べ物を持っていった方が喜ばれました。

ところが，今では事情が大きく変わりました。中国人もようやく花の栽培と消費を1つの産業として見るようになり，特に1990年代において花産業は急速な発展を遂げ，近年，中国はなんと花の輸出大国に急変身しました。1990年，中国の花栽培面積は4万ヘクタール，生産高は12万元ほどに過ぎませんでした。しかし，10年後の2000年になると，栽培面積は8万5,000ヘクタールと倍増し，輸出で獲得した外貨額は2億ドルに達しました。現在，花に対する需要は年率

図表2-2　住民100世帯当たり耐久消費財保有量（単位：台）

	2000年		2003年		2004年		2005年	
	都市	農村	都市	農村	都市	農村	都市	農村
オートバイ	18.80	21.94	24.00	31.80	24.84	36.15	25.00	40.70
洗濯機	90.50	28.58	94.41	34.27	95.90	37.32	95.51	40.20
冷蔵庫	80.10	12.31	88.73	15.89	90.15	17.75	90.72	20.10
カラーテレビ	116.60	48.74	130.50	67.80	133.44	75.09	134.80	84.00
ステレオ	22.20	7.76	26.89	10.46	28.29	11.48	28.79	13.00
カメラ	38.40	3.12	45.36	3.36	47.04	3.68	46.94	4.05
空調装置	30.80	1.32	61.79	3.45	69.81	4.70	80.67	6.40
パソコン	9.70	0.47	27.81	1.42	33.11	1.90	41.52	2.10
携帯電話	19.50	4.32	90.07	23.68	111.35	34.72	137.00	50.20
自家用車	0.50	—	1.36	—	2.18	—	3.37	—

出所：各年の中華人民共和国国家統計局編『中国統計年鑑』中国統計出版社より作成。

30％で伸びているから、2010年までに9万5,000ヘクタール、外貨獲得は5億ドルに上る見込みです。そして花を金儲けの目玉商品として扱う店がいたるところにあります。開店記念や誕生日にはもちろん、病人のお見舞いも従来の果物や食べ物といった実用品より、花に新鮮味があります。

しかし、あれだけ広大な中国では、花の消費量というと、1人当たりの年間消費量はわずか2、3本ほどです。生活水準の向上は、間違いなく一般市民の中で花を栽培、観賞する趣味を引き出してきます。近い将来には年間20億本の花市場の形成が予測されています。収入と購買力の向上、視野の拡大、ニーズの多様化に伴い、中国人は小さいものなら花、大きいものなら家電製品や住宅と乗用車、あらゆるものを消費するようになりました。

当然、中国は桁違いに規模の大きい国ですから、日本のように新しいヒット商品が登場すると、瞬く間に全国の津々浦々まで普及してしまうことはまずありません。消費水準における地域間、都市農村間の巨大な格差が、時には想像を絶するほどあります。消費傾向もまったく同様の現象が起きます。

都市部ではすでに住宅、乗用車、コンピューターが消費のシンボルになりつつありますが、農村ではまだ家電の普及段階に入っているところです。その格差は時間で測ると、実に10年、20年以上もあります。これは中国の消費水準や消費傾向を見る際、絶対に見逃してはならないポイントでもあります（図表2-2）。

（2） 都市住民の新しい消費トレンド

　中国では今後も貧富の格差が開き，貧しい人，特に相対的貧困者が一定の規模で推移しますが，全体的にはこれから十数年のスパンで，衣食住の確保を中心とする消費スタイルからより快適な生活を求める消費スタイルへとシフトしていくのです。それに伴い，人々が意識する消費の概念，方式，内容，市場での需給関係も大きく変貌していくに違いありません。

　中国は2000年から大型連休を導入したことで，人々の消費欲が一層掻き立てられています。というのは，消費は金銭だけの問題ではなくて，あれこれと用途を考え，品定めする余裕が必要となるからです。年間3回の大型連休は内需拡大のために考案されたのです。大型連休というと，従来ではどうしても観光，レジャー，外食，ショッピングなどが中心になります。しかし近年は，それだけでなく，新しい過ごし方として，乗用車購入，不動産見学，スポーツジム通いなどが人気を集めており，文化と教育，レンタル，インターネット，エコロジー関連での消費が急増したほか，ハイテク，高付加価値の新商品が好調な売れ行きを示しています。

　近年，日中両国の経済交流の深化によって，中国人の購買力やそれに伴う消費分野の拡大状況に高い関心を払う日本人が多く現れています。筆者自身も教育や仕事の場で，「中国人の1人当たりの所得はどのくらいあるのか」，「中国では億万長者が多いか」といった質問を日本人からよく聞かされました。業界の日本人がよく質問したのは，やはり中国人の所得水準と購買力に関することでした。日本の立場から，または日本を尺度にして中国のことを考えるのは，日本人にしてみればごく当たり前のことなのかも知れません。しかし，歴史，社会，政治，文化，習慣，ほぼあらゆる点において中国は日本と大きく異なっていることをきちんと理解しておく必要があります。

　そして，今では中国のような超巨大国家を日本のように統一した広大なマーケットとするのが通用しないことは，もはや常識です。また所得や消費水準から考えて，人口の比率でそのまま日本の10倍あると思い込んでしまうと，もう日本企業が中国マーケットに進出することはできなくなります。そして中国人観光客を日本に誘致するにあたっても，中国の地域性や収入の特徴を十分踏まえなければ，事はうまく運ばないはずです。

　所得5分位階級別で見てみると，2004年，都市部における高所得世帯20％で

の老若男女取り混ぜた1人当たり可処分収入が2万102元となっていました。1元＝15円の換算で，日本円にして30万円余りに相当します。1世帯当たり平均人数は3人とすれば，都市部の高所得世帯20％における1世帯当たりの年間可処分収入は90万5,000円となります。この90万5,000円という数字は一概には言えませんが，特に日用消費財などでの物価格差を考慮すると，日本の価値換算で900万円程度と捉えても大きな間違いは無いと思います。そう考えてみると，決して小さな数字ではなくなってきています。

住宅販売センター

2004年，中国の都市人口は5億4,283万人ですから，高所得世帯20％は1億857万人になります。つまり，ほぼ日本総人口の85％に匹敵する部分における1世帯当たりの年間可処分収入が900万円ほどある計算になります。これはあくまでも平均です。中には特にずば抜けた人もいることなどを考えると，それだけで相応のボリュームがあると考えられるのです。また，これはあくまでも都市部の話で，農村はかなり違った状況にあります。中国では，約60％の人口が農村で暮らしていますが，2006年末現在，農村部の衣食満ち足りない絶対貧困者は2,148万人，衣食の需要がぎりぎり満たされている低所得者は3,550万人もいますし，生活が困窮している農村部の住民は少なくありません。

（3）　多様なライフスタイルの登場

物不足，商品欠乏の時代に別れを告げた中国。ここ数年，市場化が一段と進み，人々の消費意識は理性的な成熟期に向かいつつあるとされています。そして近年，消費分野においてもっとも積極的な行動を示す消費者は消費リーダーとして注目されるようになりました。買い物の主役は，日本でも中国でも女性であることに変わりはありません。現在，女性消費者のライフスタイルは中国の巨大な市場を左右すると言われるほどの存在です。つまり，中国の消費リーダーは女性であると言えるのです。

「ターゲットは女性」。ビジネス界でよく言われる言葉です。商売人たちにとって仕事を持つ女性たちは「宝の山」です。中でもホワイトカラー層の独身

OLたちは，もっとも有望な市場として熱い視線を集めています。彼女たちはお金を惜しまず，より快適な生活を求めています。家族を養う負担も無ければ，能力次第で願望が実現できると信じているからです。

これは何も日本だけのことではありません。最近，中国では「独身女性経済」という新しい言葉が経済学の雑誌に現れ始めました。ここで言う「独身女性」は，高い学歴の持ち主で，大都市で高い収入の職業に従事し，なかなか結婚しようと思わない女性のことを指します。彼女たちの消費は，ユニークな特徴とモデルがあるようなのです。これらの女性にとって，持ち家は何よりも大切なものです。北京，上海，広州など大都市では，自分の名義で住宅を購入する若い独身女性が年々増えています。彼女たちはレジャー産業を支える重要な顧客層でもあります。独身女性にとってショッピングはもっとも人気の高いレジャーであり，ほかに観光，フィットネス，外食などもかなりの人気があります。

女性向けの消費分野と言えば，ここ数年，美麗産業とも言われる産業分野が急速に頭角を現し，多くの女性客を獲得しています。この美麗産業というのは，ほかならぬ女性をより美しくする仕事で，日本で言うエステや美容院のことです。中国では昔，質素こそ最高の美でヘアスタイルにちょっとした工夫でもすれば，すぐさまブルジョア階級の生活を崇拝するものと見られます。長い間，パーマは禁止され，理髪店だけがあって，美容院の存在すら許されませんでした。

現在，美容関係の店は大都会に限らず，農村地域の小さな街でも溢れるほど軒を列ねています。そこを訪れる顧客は容姿にもっとも気を使う未婚女性もいれば，既婚女性など中高年層もいます。綺麗になれるなら，出費はあまり気にしません。多くの女性が自分に相応しい髪型やメイクなどのファッションに関心を持ち，エステ通いは多くの女性の日課ともなっています。

一方の美容院も女性の美的意識の向上を敏感に察知し，全面的なサービスを提供しようとしています。顔やメイクのほか，ネールケア，ハンド・フットエステ，足裏・全身マッサージ，ミルク・漢方薬浴など，頭から足先までのトータルボディーケアが受けられるエステサロンも一部にあります。また，中にはますます多様化する市場のニーズに応じて，お金をかけて高額の設備を導入している美容院もあります。そのため，料金もぐっと上がります。タレントや会社社長などが最新のエスティック機器を使った場合，1コースは1万元以上も

かかります。一般顧客向けのエステサロンなら，スキンケアは1回80〜100元程度で済みます。

2004年10月19日に北京で開催された2004年中国美容経済フォーラムで，『中国美容経済調査報告』が発表されました。それによると，美麗産業は不動産，自動車，観光，電子通信に次ぐ5番目の消費分野に成長しています。美容サービスの利用1回当たりの費用は全国平均で103元。都市別にみると，トップは北京市の123元でした。2位は成都市の118元，3位は瀋陽市の117元。もっとも安いのは西安市の76元でした。消費者の年齢構成を見ると，18〜25歳の若年層が全体の25％以上を占め，美容サービス・ヘアケアサービスの主な消費層になっています。一方，36〜40歳の層は全体の19.2％，45歳以上の層はわずか10％でした。性別構成では，利用者の約9割が女性で，男性を圧倒しています。男性利用者の割合が比較的高いのは上海市（21.6％）と広州市（21.5％）でした。[2]

中国にはまだ美容院経営に関する明確な法律が定められていないことから，経営者や従業員のレベルもまちまちで，美容院業の健全な成長を阻害する要因となっています。さらに，業界内における代表ブランドの不在で，美容院経営は3〜5年が寿命という通説が定着しています。現在，全国百数十万店舗を数える美容院の中には，2，3脚の専用台を据えつけただけで美容院と称しているものや，正式な技術訓練を経ずして美容師を名乗る者など，業界内に混乱が生じています。悪徳店舗を追放し，消費者の権利を守るために，近年，全国商工連合会美容化粧品業協会は産業モデルの制定と指導体制の整備を急いでいます。

上海の新聞『新聞晩報』（2006年3月12日付）が伝えたところでは，ウェブサイト『中国人材ホットライン』が発表したキャリア女性の消費動向調査の結果によると，キャリア女性の70％が支出オーバーで，うち56％は貯蓄をせず，むしろ投資に費やす願望が強いことが分かりました。またそれ以外の14％は，いま流行の月光族（貯金せず，月給を使い果たす若者のこと）です。同調査は，上海，北京，深圳，広州など大都市のホワイトカラーの女性5,000人余りを対象に行われました。対象者の月収は2,000〜5,000元，年齢は30歳以下が70％，職業は電子・通信設備，機械製造や設備，政府機関・事業体・社会団体などの分野にわたります。月給を定期的な貯蓄に回さず，ローンの返済や投資に使う人が56％を占め，それ以外の14％は月光族で，「これまでお金を貯めたことがない。

外食産業の発達

毎月使い果たしてしまう」と答えています。特に月給が高く役職が高い女性ほど、定期的に貯蓄することへの意識は希薄のようです。

さらに同調査では、キャリア女性の毎月の主な支出の内訳に、次のような特徴があることが分かりました。まず最大の支出はショッピングと美容関係で、支出の39％を占めます。キャリア女性は、自分を大切し、美しく装うことによって職場で疲れた自分を癒すことをすでに心得ています。次に、32％の女性が「家賃やマンションのローン返済が主な使途」と回答しています。そのほかの回答には、「充電、勉強」、「バーに行くなどの社交活動」、「体の健康維持」、「子どもの教育費」などがあります。

② 急速に高まるブランド志向

（1） 国産ブランドと海外ブランドの激突

本来、ブランドとは安定した高い品質を備える商品のことを指します。そのような商品を他製品より高い値段でも買い求めようとするのが人間の習性です。しかし、いつの間にかブランド商品の所持は一種の自己満足となり、自分の経済力や身分を見せびらかすための行為となっています。これは日本をはじめ先進国にとどまらず、中国でも近年、ブランド商品が登場し、経済的余裕のある人（に限らず）に買い求められるようになりました。中国人の中でブランド志向が急速に強まっているという背景もあって、海外のブランドメーカーは競って中国市場に参入し消費者層の拡大に躍起になっていますが、その中で、日本メーカーも目立った動きを見せています。

中国における家電製品の消費は、改革開放以降に始まりました。中国の家電

産業は当初，完全な輸入代替型産業であり，外国からの完成品輸入を輸入制限によって防ぐ一方，日本などからの技術移転（生産ライン導入）によって家電製品の国産化を進めました。1980年代の間にカラーテレビ，洗濯機，冷蔵庫などに対する国内需要が飛躍的に拡大し，その結果，国内の産業も急成長しました。1990年代前半までは日本の家電製品が中国の家電製品より強い競争力を持っていることは誰でも疑う余地のない事実でありましたが，1990年代初頭からの外国製品との競争，そして国内企業同士の競争に揉まれる中で，中国の家電メーカーは実力をつけていったのです。テレビ，冷蔵庫，洗濯機など，それぞれの産業に100社近くの企業がひしめき合う状態でしたが，激しい競争の中で競争力の強い企業がシェアを拡大していきました。代表的な企業として海爾（ハイアール），上海広電，TCLが挙げられます。また，個別製品に強い企業，例えばカラーテレビでは長虹，康佳，創維などの名前が挙がります。[3)]

　海外ブランド品に特に高い関心を示しているのは，経済発展のけん引車である上海の市民たちです。上海が中国国内都市の中でも，一際抜きん出て消費の活発な地域です。上海商業情報センターのヒット商品の中で海外ブランドが半分以上を占めています。上海の高級デパートに並んでいる高級品の値段が，日本とほとんど変わりません。もちろんこれは何も上海だけのことではなく，ほかの地域，特に大都市にも共通する状況です。

　これは先進地域の富裕層に限られた世界の話にすぎないと言われても仕方ないのですが，だから，中国人の所得はまだ低いから高額商品が売れないというのも短絡的すぎる考えです。値段が安ければ安いほど売れる，これは商品の品質が平均的に保証されている日本ならではのことで，商品の品質にばらつきが非常に大きい中国では，時には安物がかえって売れず，高額＝ブランド＝高品質というイメージがプラスに働きます。そのため，現実には高い物の方が良く売れるという傾向もあるようです。そのような背景の下で，廉価戦略をとらない高級デパートなどはかなりあります。

　すでに前述しましたが，中国人の収入構造は日本人にはどうしても理解しがたい部分があります。1つは，預貯金対収入の高い倍率です。特に都市部の標準家庭はおよそ年収の数倍，ないし10倍に相当する預貯金を有します。言い換えれば，1年ぐらいは遊んでも預貯金だけで暮らせるような人は多くいます。

　もう1つは所得増加ペースの速さです。近年，農村住民の所得がかなり伸び

悩んでおり大きな社会問題になっている反面，都市住民の所得は年間10％以上の伸び率を保っています。結果的に都市住民の所得倍増は，ほんの数年で実現してしまうのです。

　こうした中国人の収入に隠されているカラクリは日本ではまったく考えられませんが，それをしっかり解明し理解しておかないと，中国でのビジネスをうまく展開していくのはまず無理でしょう。いま一つ解明しておかなければならない中国人のブランド志向にかかわるカラクリは，その「超コネ社会」の基本構造です。

　日本と中国はいずれも人間関係を大切にしながら，仕事し生きていくのです。ただし，日本のタテ社会と対照になるのは中国のヨコ社会です。そのためコネに頼ることにおいて，中国は日本よりも凄まじいのです。特にコネの維持，または新しいコネの形成のために，中国人のやり方は日本人より露骨で，赤裸々で，金銭の威力を発揮させようとする意識が前面に出ることは極めて多いのです。

　そしてコネの形成と維持には，贈り物をすることが重要視されます。日本では，ほぼ社会的に公認されたお中元やお歳暮を贈るような習慣が広くあります。一方，中国においては贈り物の贈答に特別な季節性はないし，決まった形式もありません。

　贈り物は人間関係を円滑にする上で，効果的な潤滑油機能を果たしています。しかし，贈り物をする時に相手を喜ばせるもの，貴重なもの，高価なものというのが誰でも考える相場で，これを探すのがなかなか難しいものです。ここで登場したのが，高額の高級ブランド品です。特に大事なコネには現金よりブランド品を贈った方が良い場合もあります。中国で近年，高級ブランド品がよく売れるもう1つの理由は実はこういう「超コネ社会」と無関係ではありません。

　全体的に見れば，海外ブランドの中国進出がますます激しくなっているとはいえ，市場全体に占めるシェアの大半は依然として中国ブランドです。2006年12月20日，国家品質監督検査検疫総局と中国ブランド戦略推進委員会が共同で「中国ブランド戦略発展報告」を発表しました。それによると，中国は第11次5カ年（2006～2010年）計画期間中に，10の世界トップ格のブランドを育成し，世界トップ格のブランドを目指す100の自主ブランドを開発することになっています。

第2章　生活水準の向上に伴う消費欲の大爆発

グローバル化およびWTO加盟後のポスト移行期の終了により，中国はより広範かつ熾烈な競争にさらされることになります。各業種を見ると，例えば，中国の機械・電力設備の輸出額は1,000億ドルを上回りましたが，著名な機械・電力設備ブランドは非常に少なく，服装業界も同じ苦境に陥っており，輸出衣類の自主ブランドは1％にも達していません。国際競争力のある自主ブランドの育成を加速することは，当面の急務であると関係者は考えています。

内陸都市成都に進出するイトーヨーカ堂

（2）広がる異常なブランド志向

現在中国では，ブランド志向の追求するあまり，2つの現象が同時に起きています。1つはブランドの品質がなかなか保証されないこと，いま1つは高級品に対して異常な消費ムードが醸成されつつあることです。

人気のある商品が販売されれば，必ずその偽物が出回ります。この鉄則は中国にも通用するのです。2001年7月に国家統計局景気観測センターと中央テレビ局が，北京と上海で行った調査によると，偽ブランドで被害を受けた回答者は全体の44.5％にも上るとのことでした。中でも北京での被害者は上海より14.9％多く，北京での偽ブランド被害の深刻さは上海を上回っています。さらに1年以内にこうした問題を解決できるかという調査では，北京市民の6割近くが道は険しい，と答えています。4)

偽者である以上，名称はともかくとして，まず品質の保証が無いのは大問題です。一方，もし正真正銘のブランド品に品質上の問題が出たら，どのように対応するのでしょうか。素晴らしい品質はブランドの第1条件です。もし本当にブランド品自身の品質が保証されないと言うなら，泣くに泣けないことになるでしょう。

ブランド志向は相当な経済力のバックアップを必要とします。日本では買い物依存症になっている人，特に若い女性，専業主婦が大勢います。しかし現在の中国でも，ブランドを追求するあまり，新貧窮族（新貧乏族）と呼ばれる人々

ブランドの店

が続々と現れてきました。彼らは高級ブランド品の購入のために消費者ローンまで利用してしまうのです。その消費スタイルを見ると，香水はシャネル，洋服はピエール・カルダン，買い物なら高級ブランド専門店しか行きません。靴だけ100足以上を持ち，美容や遊びへの支出を惜しまず，借金しながら，その日その日を送る人まで出てきています。こうした過激なブランド志向が社会全体に広がっていく中で，不健全な消費意識も一部醸成されつつあります。

　旧暦8月15日は中秋節です。中国では満月をめでる中秋節は旧暦にあわせて行われ，満月と円満をかけて，一族が集まり，楽しい時間を過ごす習慣を連想させます。そしてその家族団らんに欠かせないのが月餅（げっぺい）です。中国人なら，中秋節という言葉を聞いて最初に思い出すものは，月餅か団らんでしょう。

　毎年，中秋節に近づくにつれて，どの地域のどこのデパートでも，月餅が目玉商品として店頭に山ほど積み上げられます。人々の月餅にかける金額も上がる一方です。多い場合には数百元，少なくとも100元ぐらいは出費されます。中国では月餅を互いに贈り合う習慣もあることから，この時期，デパートやスーパーそして老舗の月餅専門店まで，贈答用の月餅商戦が繰り広げられます。月餅売り場には，さまざまな創意工夫を凝らした包装の月餅が次から次へと登場します。1セットの価格は数百元から数千元の商品まであり，月餅そのものの価格をはるかに超えています。訪れた消費者からは思わず「これが月餅？」の声も上がっています。

　2003年，天津市のあるホテルではとてつもない高級な月餅を売り出しました。その値段はなんと1箱9万9,999元，軽乗用車1台の値段にも相当します。報道によれば，この月餅はあわせて7切れからなり，原料は南アフリカ産のアワビと上等のフカヒレ，アメリカの小麦粉，上等のピーナツ油，精選されたマレーシア産の砂糖などからなります。包装箱はマホガニーを使って作り，外側には金箔を施しています。この天文学的数字の値段をつけられた月餅は，一体，

誰が買っていったかなどの詳細については筆者にもよく分かりません。

このような怪現象は，全国で次々に発生するようになりました。2002年，広東省増城ライチ・フェスティバルにおいて，あるライチはオークションにかけられ，1個のライチになんと55万5,000元の高値がつけられました。また2002年1月には，西安では1テーブル36万元の宴席が売り出されました。湖南省のある女性司会者が焼いた牛肉串は1万8,888元で売られたこともありました。[5]

3 広告の信ぴょう性と消費者の権利擁護

（1） 広告宣伝時代の到来

新中国建国後，物不足の時代は数十年も続いていました。全国で3,000〜4,000万人もの餓死者を出した大躍進と3年自然災害の直後に生まれた筆者は，幼い頃から物不足の厳しさと辛さを経験していました。

当時，工場や企業で作られた商品はすべて配給制で，あらかじめ支給されたチケットを持っていかないと，たとえお金があっても，商品棚に品物が一通り並んでいる状態でも，決して売ってくれませんでした。計画経済下での配給制で余分は無いから，チケットが無いのに商品を売ったら数が合わなくなり，従業員の責任が問われます。作れば売れるどころか，生産性があまりにも低すぎるため，商品の数が人々の必要最低限の生活すら満たせない状況でした。商品広告をまったく必要としない時代でもありました。言うまでもなく，当時の中国に広告が無かったのは生産状況のみでなく，資本主義と峻別する社会主義制度の堅持も一要因でした。

広告の電子媒体は，ラジオ→テレビ→インターネットと時代が下るにつれ進化していきました。特にテレビ放送の誕生は，映像，音声，文字の三要素を統合させ，宣伝の効果を最大限に発揮したのです。日本なら広告を出したい企業がスポンサーとなり，ラジオ局やテレビ局に依頼します。スポンサーは放送料金を支払い，ラジオ局やテレビ局はそのコマーシャルを放送します。日本では当然な話ですが，改革開放前までの中国ではまったくあり得ない話でした。

中国では，かつてラジオやテレビでコマーシャルを放送することは資本主義の行為であり，社会主義国ではラジオとテレビ放送は，共産党と政府の「喉舌（こうぜつ）（代弁者）」で，共産党と政府の大切な声を民衆に伝達する神聖かつ重要な使命

を担い，資本主義の行為をしてはならないという考えがありました。

　しかし改革開放の始まりと市場経済の導入は，この状況に決定的な変化をもたらしました。1979年1月28日，上海テレビ局はその第一歩を踏み出して，中国史上初めてのテレビコマーシャルを放送しました。内容は健康に良いお酒のコマーシャルでしたが，放送時間90秒のコマーシャルが配信されるまでにはテレビ局内部で激しい論争があり，キャンセルしろとの意見もありました。しかし，それから1年後，中国共産党・中央政府の「喉舌」である中央テレビ局もついにコマーシャルを放送し始めたのです。こうして中国は遅ればせながらも，世界の一般常識にならい広告宣伝の時代に突入しました。

　また，目に見えない「市場の手」も人々の生産意欲を大いに刺激し，いつの間にか，中国は物不足から生産過剰へと劇的な変貌を遂げました。買い手市場の中では，どんな素晴らしい商品でも，宣伝しなければ売れません。

　1980年代以降市場経済システムへの転換を機に，ラジオやテレビのコマーシャル放送をはじめ中国の広告業は急速に成長してきており，いまや人々の日常生活に深く浸透しています。加えて，中国の経済は依然高い成長率を維持しており，広告支出増大の経済基盤は十分にあるから，将来広告支出は速いペースで増えていくに違いありません。

　改革開放以降20年の間に，中国の広告産業は目覚しい成長を遂げてきました。1979年には広告会社は10社，売上高は300万元余りしかありませんでしたが，2002年には，広告産業の売上高は当時の3万倍に増え，903億元に達しました。過去の20年間で比較すると，中国は全世界で広告産業の発展がもっとも速く，変化がもっとも大きい国です。[6]

　中国の広告産業は2001年から2桁成長を続け，現在では世界5位の市場となりました。そして広告の需要が急速に伸びているため，関連業界に莫大な利益をもたらしています。日本人にはまったく想像し難いことかも知れませんが，広告収入のもっとも多いのは一般の広告会社ではなくて，なんと中国共産党と中央政府の「喉舌」である中央テレビ局です。

　今では中央テレビ局の広告入札は，中国経済のバロメーターとも見なされています。国家宣伝機関による市場経済への参入は絶大な経済収益をもたらします。中央テレビ局を広告業界のボスの座から引きずり下ろせるものは当面現れてこないでしょう。

ネット広告業も急成長しています。2005年のネット広告の市場規模は31億3,000億元と,前年比で77.1%の伸び,2001年と比べると7.6倍に成長しました。ネット広告が広告全体の市場に占める割合は,2001年の0.5%から急速に拡大して2005年は2.3%となり,雑誌広告(18億元)の規模を抜き,ラジオ広告(34億元)に迫っています。

広告の時代

(2) 虚偽広告の氾濫と対応策

こうした広告業の急速な繁栄は一方で裏目に出て,誇大広告,虚偽広告が氾濫し,自身の信頼性を脅かすような事態を引き起こしています。

中国の関連法律では,もちろん誇大広告や虚偽広告を禁止しています。その中心的な役割を担っているのは1994年に制定され,1995年2月1日から施行された広告法です。同法は以前制定された広告管理条例,同施行細則を踏まえて,広告業の健全な発展と消費者保護の観点から広告活動の規範化と広告の社会的役割に一定の方向性を与えるもので,ほかの広告関連法規の基本となっています。同法は虚偽・誇大広告,誤認しやすい広告を取り締まることに重点を置き,第4条には「広告内容に虚偽は許されず,消費者を騙し,間違った方向に導いてはならない」と明記しています。[7]

ほかに刑法にも虚偽広告罪の項目があります。しかし現状では,誇大広告,虚偽広告が依然後を絶ちません。

美麗産業にも汚いやり方が横行し,誇大広告や虚偽広告が大問題になっています。ダイエット経験のある女性は,ダイエットを決断する際にほとんど新聞の広告を参考にします。それにつけ込んでエステサロンや美容院が新聞や雑誌で誇張した宣伝文句で飾られた広告を大量に流します。

『中国消費者報』2002年8月14日付の記事によると,最近北京市内では人々の美意識の高まりにつれて,エステサロンや美容院の数が急増します。そのダイエットメニューは複雑な料金表記で,内容に関しても,医療に属するものなのか,マッサージに属するものなのか,その判別はつけがたいのです。美容院

が医療美容サービスを提供することは医療美容サービス管理法から禁止されているのに，違反して医療美容サービスを行っている美容院は依然多数存在します。その理由は，ニーズがあるからです。痩せている人，太っている人など，さまざまな人が，どの時代にもいます。でも，肥満はやはり生活が豊かになった現代社会で起きやすい問題です。中国の肥満人口も8,000万人を超えていると言います。「肥満は万病の元」と言われるから，ダイエットを志す人数も増える一方です。

一方，ダイエット方法も多種多様で，漢方薬ダイエット，中国式ダイエット，経穴ダイエット，ダイエット食品，減肥美痩茶など，関連商品は続々登場します。もっともインパクトがあるのは，いたるところに出現したダイエット目的のエステ美容院に掲げられている看板です。

「肥満治療の権威　中国全土に知らぬ者なし」，「この門をくぐればかならず痩せる」，「10元出せば，ぜい肉1斤（500グラム）を除去してやる」，「どのくらい減量するかはあなたにおまかせ」と自信たっぷりの訴え文句。ダイエットの必要性を強く感じる者なら，これらを目の当たりにすると，入ってみたくなるでしょう。でも本当に入ったら，法外な料金請求に遭遇する可能性が非常に高いのです。また，出された薬は効果を上げるものもあれば，副作用をもたらすものもあります。

2003年初めには，国家工商総局など3つの部門が，誇大な医療広告を制限するために「医療広告について管理を強める通知」を出しました。続いて9月24日には，国家ラジオ・映画・テレビ総局が「ラジオ・テレビ広告の管理についての暫定規定」を公布し，初めて広告の内容，放送時間などについて総合的に決めました。

国家工商総局と衛生部は，医療機関の広告の監視と規制を強化する方針です。2006年12月には衛生部が国家中医薬管理局と共同で違法広告の集中取り締まりを行いました。2007年1月1日から治癒を保障する広告の禁止などを盛り込んだ改正医療広告管理方法が施行されました。同管理方法が禁止するのは，「医療技術，診療法，病名，薬物名」，「治癒を保障する，治癒をほのめかす内容」，「治癒率や有効率などの治療効果」，「わいせつ・迷信，根拠がない内容」，「他者との比較」，「患者や医療スタッフ，医学教育機関，他の法人・組織の名や画像を利用した内容」，「解放軍及び武装警察部隊の名義使用」，「その他の法令に抵触

する内容」の広告です。

（3） 多発する消費者の苦情

　中国は1990年代以降，権利保護の意識が消費者の間で急速に高まってきました。商品の品質に関するクレーム制度もこの時期に誕生したのです。その背景には，高度経済成長が長年続く中で，生活用品の供給と需要の矛盾が大きく緩和されたことが挙げられます。特に1990年代半ば頃，どの店でも商品が溢れ出るほど豊富になりました。しかし，その中にどれだけの不良品や偽者が混入されているか，誰も知る由がありません。カビが生え変質した米を加工した有毒米，砂糖水とデンプンを混ぜて作ったニセハチミツ，何の効果も無いニセ薬，面積に偽りのある分譲住宅など，挙げれば切りが無い状態です。

　1998年1月，ちょうど旧正月頃，山西省朔州市で，ニセ酒を飲んで222人が中毒になり，27人が死亡する事件が起き，全国を戦慄させました。容疑者がばら売りの白酒に国の基準値を数百倍も上回るメチル・アルコールを混ぜた結果でした。

　消費者の安全と権利を守るための全国消費者協会は，中国で1984年12月にやっと設立されました。法律の公布となると，もっと後のことになります。1993年10月，全国人民代表大会は消費者権益保護法を承認しました。これで中国の消費者は，やっと自分の権利を守る法律という武器を手にしたのです。消費の多様化，消費分野の拡大は，中国人のライフスタイルにおける変化を象徴的に表しています。その一方で，消費者からのクレームも多岐にわたります。

　2002年8月21日，国家工商行政管理総局は上半期に消費者から寄せられた苦情を発表しました。その内容は，以下の領域に広く存在します。

①分譲マンションに関するトラブルが多いこと。上半期に全国工商行政管理機関が受理した関連クレームは5,587件に上り，前年同期に比べ34.5％も増えました。

②スーパーマーケットの食品衛生状況に不安があること。

③携帯電話へのクレームが増加していること。また，その情報サービスに関するクレームも増加していること。

④医療サービスに大きな危険が潜んでいること。

⑤保健品の問題が深刻であること。消費者からの声などによると，誇大広告，

虚偽の治療効果を謳うこと，副作用などの隠ぺい，国が禁止する薬物を無断で添加するといった問題が頻出しています。

⑥旅行サービスに関するクレームが急増していること。消費者からの主な訴えは次の4点です。旅行社が契約事項を契約通りに履行しないこと，旅行中に突発的な状況が発生した際，旅行社が対応しきれないなど，サービスの質が極めて低いこと，観光旅行に参加したはずだが，実際はショッピングツアーになってしまったこと，海外旅行でのトラブルが多いこと。

⑦ニセモノや粗悪な農業用品が農業に損害を与えていること。

⑧自動車の品質とサービスに関するトラブルが増加していること。消費者からよく寄せられるクレームは次の3点です。自動車の品質に問題があること，消費者の合理的な返品・交換の要求を，メーカーが正当な理由もなく拒否する，あるいは故意に受け入れを延期すること，修理工場が消費者に対して詐欺行為を働くこと。

⑨障害者用乗物の品質とアフターサービスに問題があること。

近年，工商行政管理部門はニセモノや劣悪商品への取り締まりをずいぶん強化したものの，消費者を取り巻く市場環境は依然楽観視できません。3月15日は中国の消費者権益日です。毎年もこの日に近づくと，工商行政管理総局が一定期間中の消費者の苦情をまとめて報告します。その内容を見る限り，中国人の日常消費行動においてますます多くの危険が忍び寄っている感を抱いてなりません。

注
1）中華人民共和国国家統計局編『2005中国発展報告』中国統計出版社，2005年，326頁。
2）『人民網日本語版』2004年10月20日付。
3）劉婭倩「中国家電産業に関する一考察」『現代社会文化研究』第31号，2004年11月。
4）『中国巨龍』2001年11月13日付。
5）『大地』2003年第15期。
6）馬亦農「中国広告産業の発展」『コミュニケーション科学』No.20，2004年。
7）宮麗頴「中国における広告表現規制システムに関する一考察」『コミュニケーション科学』No.19，2003年。

コラム
生活習慣病の増加

慢性病とは循環器および血管疾患，がん，慢性呼吸器疾患，糖尿病などを指し，長期に渡る生活習慣で発症のリスクが飛躍的に高まるために，日本ではしばしば「生活習慣病」と呼ばれています。それは主に，栄養過多，ストレス，喫煙，飲酒，運動不足など不健康な生活習慣が原因とされます。

生活水準の向上やライフスタイルの激変に伴い，中国でも近年，生活習慣病の増加が非常に目立ちます。北京市が市民2万人余りを対象に行った調査によると，3分の1の人は何らかの生活習慣病にかかっていると言います。2002年の統計によると，肥満と診断された人は全国で3億人近くに上り，18歳以上の場合には人口の22.8%を占めています。また成人の18%以上が異常脂血症であり，患者数は1億6,000万人を超えています。異常脂血症の多くは，高脂血症だと見られています。

「健康の四大基礎，合理的な飲食，適量の運動，バランスのとれた精神状態，禁煙および適量の酒。口をちゃんとコントロールし，足を開いて歩き，タバコと酒をやめ，楽しく過ごせば，健康は保たれる」。

また，生活習慣病による死亡者の割合は，1991年の73.8%から2000年には80.9%に増加しています。2000年の時点で生活習慣病による死亡者は600万人近くに上り，都市部では全死亡者中の85.3%，農村部では79.5%を占めました。

専門家は，生活習慣病の増加が，人々の健康に重大な悪影響を及ぼし生活の質を低下させているだけでなく，社会にとって大きな経済的な負担をもたらしていると指摘しています。有効な措置を取らない場合には，生活習慣病により今後10年間で8,000万人が死亡し，心臓病，脳血管障害，糖尿病だけで，5,500億ドルの経済損失が発生すると推定されます。

中国では計画出産政策を取り続けているため，極めて速いスピードで高齢化が進んでおり，社会保険の運営はかなり難しい状態になっています。財政負担を避けるためにも，生活習慣病の増加に何とかブレーキをかけたいというのが政府の本音です。

生活習慣病の特徴として，いったん発症した後では完治が極めて困難であり，長期にわたる通院あるいは入院が必要になることがあります。その結果，個人および家族の出費も国の出費も膨大なものになります。そのため中国は今後，生活習慣病を発生させないように努める予防医学に力を注いでいくと考えられます。

第3章　13億人の性意識革命と社会変動

1　社会構造の激変と性意識の革命

（1）　タブー視された性の解放

　性は人間のもっとも本能的な部分です。2000年前の哲学者孟子が，すでに「食，色，性なり」という言葉で端的に言い表していたのです。しかし，社会主義国中国では，かつて性禁止の時代がありました。

　筆者の実体験を少し紹介します。中学校には「生理衛生」という授業がありましたが，生殖器の部分は先生がいつも飛ばします。大学1年生の時，薄っぺらな『生理衛生知識』が本の売店で並んだとたん，学生の長蛇の列ができるくらいでした。筆者も恥ずかしい気持ちを抑えて1冊を購入しました。人体の各部分が省略せず，ちゃんとイラストされていることが，飛ぶように売れた秘密の一つだと思います。当時は，人間の性に関する書物がほとんど無かった時代でした。

　1988年，北京で人体写真展が催された時には，連日，大勢の市民が会場に押しかけ，大盛況となりました。筆者も普通の若者と同様，好奇心を抑えきれず，観客の群れを懸命に押し分け首を長くして見学していました。おまけに人体写真が刷り込んである葉書を2ケース買いました。葉書とはいえ，他人に出すのを惜しんで，ずっと引き出しの中に大切に保管していました。

　ところが近年，性に関する人々の意識，性を取り巻く社会環境は大きく変わりました。

　四川省の新聞『天府早報』2004年1月16日付の報道によると，成都市では，『大学生の性文明と性健康』という教材を改正するにあたって，性行為のテクニックに関する内容を教材に盛り込むべきだと多くの大学教授が考えています。その背景には，現在多くの大学生（約35%）が性教育を受けておらず，男女それぞれの生殖器や胎児の発育などもっとも基本的な常識に関して，実に20%を

超える大学生がほとんど無知な状態であるという調査結果があります。性行為のテクニックも性教育の重要な一環であり，より具体的かつ詳細に記述すべきだという意見が多くの大学教師から賛同を得ています。

また，中国新聞社2006年10月18日付で伝えたところによると，南京欧加農制薬公司（オランダの製薬大手オルガノン社の中国法人）の調査機関が大学生2,600人に調査をしたところ，結婚前の性交渉に対して，7割以上が「積極的に求めるわけではないが，感情が高まった時にそうなってもかまわない」と答えたのです。「不道徳」や「すべきでない」との考えはわずかに7.2%でした。さらに，このような統計もあるようです。一部の都市では，未婚女性の人工中絶率は，すでに既婚女性のそれを上回っています。そのうちの多くは高校生と大学生です。上海市では，未婚女性の人工中絶は人工中絶全体の3分の1を占めます。こうした人工中絶の主な原因は，避妊知識の不足で，性行為の際に避妊措置をとらなかったところにあるとされています。

（2）　出産意欲の低下

激しい競争社会と価値観の変化に伴い，都市部では子どもを産まない夫婦，いわゆる「丁族克（ディンクス）」が増えています。

インターネットの『新網上海』2002年6月11日付の報道によると，上海市人口・計画出産委員会の統計では，同市の出産適齢期女性が出産する割合は全国平均のわずか50%ほどで，引き続き下降傾向にあることが分かりました。

これに関して，同委員会の研究員は，出生率の持続的低下は上海女性の出産に対する考え方の変化が反映されています。上海市では職を持つ女性の割合が高く，出産や子どもの世話をするとなれば，多くの時間を割かなければなりません。出産と育児は結婚の必然的な目的ではなくなり，女性はより質の高い，自由な家庭生活を望んでいる，と分析しています。出産意欲の著しい低下は，子育てコストの増大と密接に関係していると考えられます。

日本では，子育て費用の負担が大きいというのが出産率低下の大きな原因となっています。『平成17年国民生活基礎調査の概要』によれば，生活意識別世帯数の構成割合をみると，「苦しい」が56.2%，「普通」が39.0%となっています。年次推移を見ると，「苦しい」と答えた世帯の割合は増加傾向となっています。また特定世帯の生活意識別世帯数の構成割合を見ると，高齢者世帯の「苦

しい」は54.7％となっている一方，児童のいる世帯では60.1％となっており，子育て世帯の方が「苦しい」とする生活実感の者が多いことが分かります。中国でも子育てコストの増大は，若年の出産意欲に大きな影響を与えていると考えられます。

不妊症治療の広告

中国社会調査事務所が，北京市，天津市，上海市で実施したアンケート調査では，子どもの消費が世帯収入の4分の1から3分の1を占めるのは被調査対象家庭の9.8％，世帯収入の3分の1を占めるのは27.8％，世帯収入の40％を占めるのは35.6％，世帯収入の半分を占めるのは19.4％です。ほかの7.4％の家庭で子どもの消費が世帯収入の半分を超えます。[1]

1人の子どもを養うにはどのくらいの経済的負担があるのか，当然，育児法によって出費は違い，一般家庭と高給取りのいる家庭でも大きな差があります。

1980年代初頭，赤ん坊用の牛乳を手に入れるには出産証明が必要で，量が足りなくても，らくがんや粥の量を増やして与えるしかなかったのです。しかし今の都市の赤ん坊は，1週間分で数百元もする輸入粉ミルクを口にしています。また以前なら，子どもがトイレを覚える前には，尻割れズボンを穿かせ，布オムツを交換する手間を省いていました。しかし使い捨てオムツが登場してからは，尻割れズボンや布オムツはほとんど見られなくなりました。[2]

中国社会科学院社会学研究所の雑誌『青年研究』2004年第12期に掲載された論文「子供の経済的コスト：転換期の構造変化と最適化」（著者は社会学専門家の徐安琪（じょあんき））によれば，子どもは16歳になるまで約25万元かかり，もし大学などへ進学した場合の学費を加算すれば，約48万元に跳ね上がります。また，学歴にかかわらず子どもが社会に出た後30歳まで独身だった場合，親の出費は平均49万元に達します。

さらに驚くべきことは，成人した未婚の子どもの85％が親から経済的支援を受けていることです。中には，生活費すべてを親に頼っているケースもあります。子供がすでに社会人の場合でも，居住費（持ち家の購入を含む）のほか，自宅での食事，衣料品の購入，携帯電話の料金支払い，インターネットの利用料，

お小遣いなど，親が子どものために支払う費用は年間1万4,000元に達します。

（3） 独身女性の出産権

　日本の人口減少は，未婚者の増加も要因の一つと言えます。『平成15年版国民生活白書』によれば，未婚率を年齢層別に見ると，1995年から2000年にかけて30〜34歳では男性は37.3％から42.9％へ，女性は19.7％から26.6％へと大幅に上昇しています。25〜29歳では，2000年において男性の69.3％，女性の54.0％が未婚となっています。なお，若年以外のほとんどの年齢層で見ても未婚率が上昇しており，日本人の未婚化が全体的に進んでいます。

　一方，近年中国でも結婚年齢になっても結婚しない人が増えています。北京市では，2000年の第5回人口調査と10年前1990年の第4回人口調査を比較してみると，若年層の未婚率が高くなっていることが分かります。男女を問わず，20〜24歳と25〜29歳の未婚率の上昇がもっとも目立ちます。

　中国は計画出産を最大の国策としていることもあって，出産の時期や出産する子どもの数についての自己決定権は，大きな制約を受けています[3]。特に未婚出産に対する見方が依然厳しく，現実の社会では，伝統的な道徳観，世論の圧力，行政部門の習慣的干渉などの束縛や制限が多いです。しかし最近，「独身女性は出産できるか」という問題が議論の的になっています。

　人口・計画出産法は2002年9月1日に施行されましたが，同法によれば，各省・自治区・直轄市の人民代表大会と常務委員会は各々，地元の経済，文化の発展水準と人口動態を踏まえて具体的な措置を制定できることになっています。それを受け，吉林省第9回人民代表大会常務委員会は同年9月27日に吉林省人口・計画出産条例を可決しました。11月1日に施行された同条例第30条第2項では，法律が定める結婚年齢に達し，一生，結婚する意志が無く，子供のいない女性は，合法的な人工受精などの医学的措置を通じて子供を産むことができると定めています。

　同条例は公布された後，その波紋は，すぐにほかの地域にも及んだのです。独身女性の出産の権利を肯定しているという意見もあれば，その合法性に疑問を寄せる者も少なくありません。「シングルマザーが増えれば，家族倫理の頽廃は避けられない」，「包二奶（ほうになに）（愛人を囲むこと）の男に抜け道を与えるのでは」，といった懸念も出ているようです。

議論の焦点は，独身女性が産んだ子どもには，精子を提供した「生物上の父親」について知る権利があるのか，婚姻関係には無い男性を精子提供者に指定することで，婚外子を産む正当性を得る女性が出てくるのではないかという点もあります。また，母親しかいない環境下で，子どもの健全育成は果たして保障されるのかなども問題視されています。

また同条例に対しては男性の中に反対が多く，女性はほとんどが寛容な態度を示している模様です。

② 幸せな結婚の必要条件

(1) 結婚式の歴史的変遷

革命の中国では，結婚の習慣も歴史とともに激変します。結婚式は常に時代の色彩を帯びていると言っても過言ではありません。

文化大革命の時代において都市では簡素な「革命」結婚式が盛んに行われ，毛沢東の著作と彫像が嫁入り道具や親類・友人への引き出物となりました。当時は物が欠乏し，夜具のような新婚生活に欠かせない基本的な家具も配給切符が必要で，買える量も制限されていたので，一家全員の切符を集めて新郎新婦に協力するほか無かったのです。「三転一提（回転する物3つと提げる物1つ）」すなわち自転車，腕時計，ミシンと，トランジスタラジオは，新婚家庭では贅沢品とされました。

1980年代頃までも，結婚式は非常に質素なものでした。親戚や親しい友人を自宅に招いて，喜糖（結婚式の際に配るお祝いの飴）を配り，食卓を囲む程度でした。都市では結婚式を開いても，職場の労働組合の責任者が司会を務め，上司が新婚夫婦に祝いの言葉を述べ，みんなで騒げばそれで終わりだったのです。当時の中国人は，文化大革命の苦しい時代を乗り切ったばかりで，発想にも行動にも慎重でした。[4]

一方，改革開放の進展および経済水準の向上，人々の意識の変化につれて，結婚式のスタイルは大きく変容を遂げ，日々豪華，派手になってきます。

婚慶公司の広告　　　　　　　　　　　　結婚式ステージ

　　息子が生まれた　嬉しさ百倍
　　お相手捜すの　難しさ百倍
　　嫁さん決めたが　疲れ百倍
　　結婚式の借金　恨めしさ百倍

　この戯れ歌は，男の子を持った親の嬉しい悩みと言えるかも知れません。親たちは，無理をしてでも結婚式に金をつぎ込みます。大勢の招待客，派手な引き出物，豪華な新婚旅行とくれば，お金がいくらあっても足りないし，借金もしなければならなくなるでしょう。

　1990年になると，新中国建国後初の婚慶公司（結婚サービス会社）が北京に誕生しました。婚慶公司は，結婚の写真・ビデオ撮影から，花嫁を迎える車の手配や装飾，新婚旅行や盛大な披露宴の手配にまで，どんなサービスも提供します。

　2003年2月22日，雲南省で1組の新婚カップルが昆明金龍飯店でキャンピングカーに乗り込み，半月にわたる大理，麗江などへの新婚旅行をスタートさせました。このキャンピングカーは，長さ約4メートル，幅約2メートルで，小型バスを改造して作られたものです。ベッド，テレビ，テーブル，冷蔵庫，トイレなどが完備されています。車内で使用するエネルギーは電気とガスです。車の底には2個の汚水タンクが設置されており，環境に配慮されています。キャンピングカー・クラブからは運転手1人が手配され，車内では自分で料理も可能です。レンタル料は1日1,200元です。

　国際化が進む北京では，ウェディングスタイルの多様化の裏に，さまざまな文化的背景があります。海外から帰国した留学生は，留学先の文化を中国にも

たらしていますが，最近その動きの中から，日本式の結婚式が中国ブライダル市場に登場しました。

　日本式の結婚式とは，新郎新婦の衣装レンタル代やお色直し代，料理など宴会の諸費用をセットにして，ホテルで日本風の演出による披露宴を開催する，というこれまでの中国には無かったスタイルのことを指します。日本での長い滞在経験を持つ北京愛之鴿文化伝播有限公司の責任者は「日本式の結婚式は必ずヒットする」と確信しています。日本式の結婚式は現在までのところ人気が高く，中国のブライダル市場におけるシェア獲得に注目が集まっています。[7]

（2）　膨大な結婚消費マーケット

　一人っ子として育てられた若者が，いま結婚適齢期を迎えています。経済発展とともに若者の結婚に対する意識に変化が生じ，加えて新郎新婦ともに一人っ子であるため，両家からの期待も背負い，結婚式は年々華やかなものが多くなっています。この社会変化を素早くキャッチした関連業者は，さまざまなプランを打ち出し，豪華な結婚式を提供しています。

　民政部（中央省庁）が発表したデータによると，現在，中国では毎年約1,000万組のカップルが結婚し，全国で観光，飲食，結婚用品，プレゼントなどの結婚関連消費は総額2,500億元にも達しています。

　経済専門家は，中国の結婚消費市場にはまだ開拓の余地があると考えています。というのは，経済水準の向上により，結婚式にかける費用は年々多くなるからです。司会者にもランク付けがあり，それぞれ費用が異なります。また，移動のためにはリンカーンやベンツといった高級車をレンタルし，花を飾りつけて盛り上げます。ロマンチックな結婚式を好む若者のためには，結婚式を海底で，空中で，万里の長城で，森林で，草原で，天安門で，教会で，別荘で開催したりなど，さまざまな企画を提供します。植樹しながら，あるいはゴルフ場でというのもあれば，また海外で結婚式を挙げるプランもあり，旅行社と結婚式の会社という協力体制もできつつあります。

　2006年2月8日付の『新聞晨報』が伝えたところによると，上海市では，2006年旧正月（春節）の大型連休期間中，結婚ビジネスが盛況だったのです。そのうち，結婚披露宴の平均価格は10％以上も値上がりました。上海長城假日酒店（ホリデイイン）での披露宴は，最低価格が1席1,888元となり，年初と比べて

200元上昇しました。上海新雅粤菜館では，年初比で100元増の1,388元となりました。上海市では，2006年に結婚するカップルが，前年比40〜50％増の14万〜15万組に達すると予想されています。1組当たりの支出を10万元とすれば，消費総額は1,400億元以上になる計算です。5月1日（国際労働節，メーデー），10月1日（国慶節）などの祝日にはホテルの大半が，すでに予約で一杯です。また，金，土，日曜日も混雑しているということです。

　北京国際結婚博覧会準備委員会は，2006年に全国6万組の新婚カップルに対して結婚費用を調査しました。それによると，結婚撮影はブライダル産業の中で利潤がもっとも高く，30％を超えています。北京市では，年間営業収入が2,000万元を越す結婚撮影の店は4,5軒あり，800万〜2,000万元の店はすでに20軒に達したのです。競争がますます激化する中でも，利潤率は依然として30％を保っています。一部の店は40％以上の利潤率を達成しています。[8]

　近年，旅行者のうち新婚カップルの数が著しく増加しています。若者が新婚旅行をするようになったのは，一面では，彼らの収入が高くなって経済的に費用を自弁できるようになったからです。他方では，多くの事業所が新婚従業員に対して休暇を与えるようになって，時間的にも旅行が可能になったからです。

　中国はWTOに加盟した後，国民の海外旅行への制限が次第に緩和され，挙式企画・旅行という新興産業の発展スペースが絶えず拡大していくと見られます。

（3）　高騰が続く結婚費用

　1950年代から1960年代にかけては，キャンディにピーナッツ，2組の寝具を並べ，革命歌曲を歌うのが典型的な挙式スタイルだったのです。1970年代にはいわゆる「三転一提」と言って，自転車，腕時計，ミシンとトランジスタラジオが結婚式の定番でした。1980年代にはテレビ，冷蔵庫，洗濯機が三種の神器となり，今では結婚にマイホームとマイカーが必要な時代となりました。

　都市部ではここ数年，多くの家庭で乗用車を所有するようになり，自動車レンタル会社も誕生しました。婚慶公司では，花嫁を迎える車の手配を重要業務の一つにしています。

　雑誌『人民中国』2004年2月号の記事「街ゆくハッピーウエディング」によると，北京「珍心」婚慶サービスセンターの価格例とウエディングサービス内

容は以下の通りです。

①ゴージャスタイプ：費用は3万元。内訳は，ヘリコプター（2機），キャデラック（1台），アウディ（5台），司会者，ビデオ撮影（ビデオCD制作含む），楽隊（20人）を含みます。

②ゴージャスタイプ：費用1万1,800元。中には，ロールスロイス（1台），キャデラック（3台），司会者，ビデオ撮影（ビデオCD制作含む），メーク，楽隊，生花提供と披露，宴会場の設営が含まれます。

③スタンダードタイプ：費用は6,300元。内容は，キャデラック（1台），アウディ（5台），司会者，ビデオ撮影（ビデオCD制作含む），メーク，生花提供となります。

④チャイニーズタイプ：費用は5,800元。司会者，伝統的な駕籠（担ぎ手8人派遣），儀仗（6人），太鼓（8人），チャルメラ（2人），召し使い役（2人）を含みます。

⑤チャペルタイプ：費用は2,000元。チャペル利用，牧師，合唱団のみです。

⑥キャンドルタイプ：費用は5,600元。内訳は，キャンドル（99本），スポットライト（1台），スモークマシーン（1台），舞台ライト（2台），スタッフ（6人），会場設営の指示担当（1人），司会者，ビデオカメラ（2台），楽隊を含みます。

では，これらの高額費用は一体誰が負担するのでしょうか。

日本では，『平成4年国民生活白書』によると，結婚総費用（結納金および結納返しは含まない）は調査以来最高の768万5,000円となっており，結婚式や新婚旅行が年々豪華になっています。この結婚費用の内訳を見ると，親の援助額が40.3％の309万9,000円と高く，親の援助を受けている人の割合も夫69.8％，妻74.0％と性別にかかわらず高くなっており，親の子どもに対する支出は長い教育期間を過ぎてもまだ終わらないようです。

中国の家庭では，長年にわたって息子や娘の結婚を重視してきました。昔の貧しい時代にも，親は借金をしてでも式らしい式を挙げてやろうとしたものです。今でも農村の一部地域では，息子のために嫁を迎えることが，家庭にとって大きな経済負担であり続けています。

結婚費用は男子側が負担する，これは都市，農村を問わず，中国の不文律です。新居の購入や建築，結婚式など大口の出費はすべて新郎側が負担し，新婦

側はわずかに嫁入り道具を用意すれば良いのです。したがって，結婚は男性側の経済力を試す重要な機会でもあります。新婦側は，男性の経済的「実力」を見て，娘が嫁いだ後生活に苦労しないか確かめようとするのです。

　経済が大きく発展している大都市では，確かに一部の若者は，結婚式は自分の蓄えでするものと考え，経済力に見合った結婚式を行うようになっています。しかし，親から多額のお金をもらって結婚する若者は依然多いようです。

　中国社会調査所の江蘇分所が南京市民200人を対象に実施した結婚資金に関する調査では，一般的な結婚費用は住宅の購入・改築を除いて5万～15万元となっています。そのうち，両家の親と新郎新婦が共同で負担するのは54％，新郎側の親が単独で負担するのは36.5％であるのに対して，新郎新婦の全額自己負担はわずか9.5％にすぎません。

　上海市では，新婦の間では「一生に一度だから，結婚式は盛大にしたい」という考え方が一般的ですが，「盛大さ」に伴う多額の出費のほとんどは，やはり新郎側にのしかかっています。結婚したばかりの新郎によると，式に15万元かかったが，それでも「最低ライン」だと言います。この新郎の結婚費用明細は，新居の改装8万元，家具と家電4万元，衣装，結婚の写真・ビデオ撮影，タクシーなど1万元，披露宴1万5,000元でした。一方，彼の月給は2,000元未満，親もサラリーマンです。新居の購入と結婚費用には，家族全員の貯蓄をつぎ込んだと言います[9]。

　北京国際結婚博覧会準備委員会は2006年に全国6万組の新婚カップルに対して結婚費用を調査しました。その結果，結婚式のみでかかった費用は平均12万5,081元となり，もしマイカーやマイホームの購入を含めれば，なんと55万7,478元に達しました。そのうち，華東（山東省，江蘇省，上海市，浙江省，安徽省，江西省，福建省）は，結婚費用のもっとも高い地域です。

　一方，86％の新婚カップルは月収が8,000元未満です。そのうち，絶対多数は5,000元未満です。自分の経済収入だけでは，当然このような高額の費用がかかる結婚はできないはずです。したがって，多くの者は親からの経済的援助に頼って辛うじて結婚式を挙げたと言えます。被調査対象者のうち，47％はその結婚費用の20～60％が親からの経済的援助です。さらにこの47％のうち，14％はその結婚費用の80～100％が親からの経済的援助です[10]。

3 家族倫理の危機と離婚率の上昇

（1） 急増する離婚

　今の中国は第３次離婚ブームに差しかかっていると言われます。第１次は新中国建国後の1950年前後，第２次は改革開放が始まった1980年前後，そして第３次は1995年以降今日まで，経済成長がもっとも速く，個人所得ももっとも多い時期です。

　2002年４～６月，全国婦女連合会は全国13の省・自治区・直轄市の101の県・市・区で，全国婚姻家庭道徳状況アンケート調査を行いました。それによると，離婚に対する見方は非常に寛容になったとのことです。同時に，調査結果から矛盾の態度も多く見受けられます。「夫婦の感情が完全になくなったら，離婚すべきだ」と考える人は55.9％に達しています。しかし一方，子どものため，世間の圧力，新たな理想的結婚相手が必ずしも見つからないという３つの理由で離婚を慎重に考えるべきだとする人が合わせて43.5％に上ります。そのうち，子どものために離婚しない方が良いと考えるのが36.9％です[11]。

　このように，結婚と家庭に対する中国人の意識は確実に伝統から現代へ，閉鎖から開放へと変化しています。人々は単なる世代継続や生活形成より，結婚の真の意義を求めるようになったのです。感情の融和，幸せな生活，家庭内の平等などがより重視されているため，結婚後の現実と理想が調和せず衝突した場合，無理に家庭を維持するより，多くの人が離婚という選択肢を選んでいます。

　ここでは中国の離婚率と日本の離婚率を比較してみます。日本の離婚率は，1960年代まで低下傾向にあり，1963年には人口千対で0.73と戦後最低を記録しました。しかし，その後上昇傾向に転じ，1980年代には婚姻数の減少の影響もあって一時低下傾向を示したものの，2002年には2.30と戦後最高の離婚率を記録しました。2003年と2004年は，婚姻率の低下や景気回復の効果で，離婚率は，2.25‰，2.15‰と低下傾向となっています。

　日本の厚生労働省が2006年６月に公表した『平成17年人口動態統計月報年計（概数）の概況』によると，2005年の離婚件数は26万1,929組で，前年の27万804組より8,875組減少し，離婚率（人口千対）は2.08で，前年の2.15を下回りまし

図表3-1　離婚組数・離婚率の推移（単位：万組，‰）

年	離婚組数	離婚率
1978	28.5	0.35
80	34.1	0.69
85	45.8	0.87
90	80.0	1.38
95	105.6	1.75
2000	121.3	1.91
01	125.0	1.96
02	117.7	1.80
03	133.0	2.10
04	166.5	2.56
05	178.5	2.73

出所：中華人民共和国民政部編『中国民政統計年鑑2006』中国統計出版社，2006年，75頁より作成。

た。

　一方，中国の離婚率はすでに日本を抜いています。ここ数年，結婚率は低下しているものの，離婚率は上昇する一途をたどっています（図表3-1）。

　1990年，全国で離婚した夫婦は80万組でしたが，1995年には105万6,000組，2000年には121万3,000組，2003年には133万組となりました。2005年に全国で863万1,000組のカップルが結婚しましたが，その一方で178万5,000組の夫婦が別れています。

（2）　離婚手続の簡素化

　図表3-1からも分かるように，長い間，中国人の離婚率は非常に低かったのです。離婚しようとする夫婦がいれば，まずその勤務先の幹部が説得します。それでも効果が無ければ，さらにその上司にあたる地位の高い幹部が説得に乗り出します。勤務先だけでなく，親戚や友人，近所，さらに町内会の人までもが離婚阻止にずいぶんと熱心だったのです。離婚そのものは法的に自由とされていますが，家庭の維持を美徳とする毛沢東時代は，離婚を実現するためには大変なエネルギーを要しました。そして，なんと言っても，煩雑な手続きが多くの人々に離婚を断念させていたのです。

　2003年10月1日から施行された婚姻登記条例は，離婚の手続きを大幅に簡素化しました。それによると，提出資料は「本人の身分証」，「戸籍簿」，「結婚証明書」と両者が共同で署名した「離婚協議書」のみです。これまで必要だった職場や住民委員会などが作成した書類は不要となるため，離婚が第三者に知ら

れる可能性は低くなるというメリットもあります。これまでは１カ月の審査期間が設定されていましたが，養育，財産分与などの問題が無ければ，その場で離婚証の発給が受けられます。つまり，慰謝料や養育費，財産分割などで双方が合意に達し，関連書類が揃っていればすぐに離婚が可能です。

　同条例の施行日は10月１日，ちょうど国慶節の大型連休にあたります。その１週間で，離婚の手続きをする人の数は急増しました。北京市民政局が発表したデータによると，10月７日の17時までに離婚の手続きを行った男女は300組近くに上ったと言います。また，同市東城区民政局によると，この連休中にある１組の男女が婚姻登記所を訪れました。彼らはこれまで20年もの間結婚の手続きをせずに生活を共にしてきましたが，最近になって突然別れることになりました。そこで，２人はどうしても離婚届が欲しいということで，まず結婚の手続きをして，その後すぐに離婚の手続きをしました。これは結婚，離婚の手続きが，いかに簡略化されたかを物語る格好のエピソードとなっています。

（３）　浮気は離婚の最大要因

　インターネットの『新網杭州』2001年10月10日付の報道では，杭州市役所と区役所の離婚申請所の統計によると，2001年に入ってからは，「浮気，不動産，金」が婚姻破綻の三大原因になっています。

　2002年に上海市婦女連合会が1,006世帯を対象に行った調査で，夫婦関係を円満に保つために大切なことは相手への思いやりと責任感で，夫婦関係の破綻は不倫と家庭内暴力よるケースがもっとも多いことが分かりました[13]。

　重慶市の婚姻危機サービス機関に所属する心理カウンセラーらは，市民らの婚姻状況について調査を行いました。結果によると，不倫，夫婦別居，事実婚，家庭内暴力，性格の不一致，経済状況，再婚もしくは復縁，性生活への不満の８つが結婚生活における主な悩みとして挙げられています。その中でも，不倫が原因で結婚生活に支障が生じている夫婦がもっとも多く，全体の40％を占めました[14]。

　不倫の急増に伴い，親子鑑定も急増しています。2004年９月27日付で中国新聞社が伝えたところによると，近年，親子鑑定が増加の一途をたどっており，鑑定件数は年間20％のスピードで増加しているという統計があります。親子鑑定を受けるケースは，海外への定住，観光，戸籍など，身分証明の必要な手続

きを行う場合が多かったが，近年，夫が妻の不貞を疑い，親子鑑定を依頼するというケースが急増中だそうです。

2001年の婚姻法改正で，配偶者に対する損害賠償が認められました。この結果，浮気が原因で離婚訴訟をする時，離婚や財産分与にとどまらず，慰謝料を求めるケースが増えています。しかしこの場合，証拠が必要です。慰謝料を求める訴訟の勝敗を決するのは証拠の有無で，当事者は，証拠収集に必死となります。また証拠収集は，適法に行わなければなりません。つまり証拠を収集する際には，他人の合法的権利を侵害してはならないとのことです。

近年，不倫を調査する個人探偵は非常に繁盛しています。広州市のある個人探偵会社の責任者は「調査依頼で一番多いのが不倫調査だ」と話します。不倫調査は同社の業務内容の5割以上を占め，一部には8割を超える会社もあります。さらに，インターネット不倫の調査依頼もあったと言います。依頼者の大部分は中年女性です。探偵らは依頼を受けて，依頼者の夫の不倫証拠，不倫相手の素性や財産情況などを調べます。

不倫調査の相場は，1日当たり1,000元（調査時間が長くなると事情を考慮して減額することも可能）です。一般的なケースでは，1週間前後で結果が出るため，不倫調査1件の費用は約6,000元です。[15]

一方，浮気の証拠を合法的に収集するのは容易なことではないため，配偶者に対する慰謝料の請求は非常に難しいのが現状です。そこで配偶者の浮気を未然に防ぎ，慰謝料の請求をし易くするためのユニークな手法として注目を浴びているのが，夫婦間で忠誠協議書を締結する方法です。上海市閔行区裁判所は，妻が浮気した夫に対して，忠誠協議書に基づき30万元を請求した訴訟で，妻の勝訴判決を下しました。これは全国で初めて忠誠協議書の有効性を認めた判決です。

夫婦間の忠誠協議書より，もっとユニークな手法を編み出した女性もいます。重慶市の住むCさんは，仕事が忙しいことを理由に，時々帰宅しない夫との間に夜12時から翌朝7時まで帰宅しない場合，1時間につき「空きベッド費」100元を支払う約束をしました。これに基づいて，帰宅しなかった日に夫は「空きベッド費未払確認書」を発行してきましたが，「空きベッド費」の累計が4,000元に上った時，Cさんは堪忍袋の緒が切れました。離婚と財産分与のほか，「空きベッド費」4,000元の支払を求める訴訟を起したのです。判決はCさんの勝

訴でした。[16]

（4） 家庭内暴力に脅える女性

　離婚のもう1つ重要な原因はDV，つまり家庭内暴力です。DV（ドメスティック・バイオレンス）は，日本ではすでに耳慣れた言葉ですが，DVとは無縁と思える中国でも，最近は大きな社会問題になっています。特に農村などでは男尊女卑の意識がいまだ根強いため，妻への暴力は頻繁に起きているようです。2002年4～6月，全国婦女連合会は全国13の省・自治区・直轄市の101の県・市・区で，全国婚姻家庭道徳状況アンケート調査を行いました。それによると，都市，農村を問わず，家庭内暴力の発生率が非常に高いという結果が出ました。被調査対象者のうち，7.9％の人は夫婦間でよく殴り合いの喧嘩が発生し，38.7％の人はたまたま発生すると認めています。[17]

　家庭内暴力の原因は多方面にわたります。夫婦間の猜疑心もその1つです。2002年6月9日午後，Z容疑者は妻が他人と浮気をしているのではないかと疑い，鉄のチェーンで妻を窓とベッドに繋いだ上，暴力を加えること20時間にも及んだのです。その間，妻の髪の毛を鋏で切り取ったり，眉毛を髭剃りで剃ったり，体を水パイプで殴ったり，顔をタバコの火で焼いたりして，全身にひどい怪我を負わせてしまったのです。事件発生後，Z容疑者は故意致傷罪で公安当局に逮捕されました。[18]

　家庭内暴力は口喧嘩や殴り合いだけでなく，一部の家庭内で「冷暴力（冷たい暴力）」と呼ばれる問題が，現在広く人々の関心を呼んでいます。専門家の指摘によれば，「冷暴力」は無視されがちですが，すでに都市の家庭内暴力の新しい現象になりつつあります。家庭内暴力を精神的暴力，身体的暴力，性的暴力に分けるならば，精神的暴力の発生率がもっとも高いそうです。

　調査分析によると，「冷暴力」は以下の類型があります。
　①冷嘲熱諷型（冷ややかな嘲笑と辛辣な風刺）

　他人のことをまったく褒めない人がいます。自分の結婚相手に対しても一切褒めず，ただ嘲笑するのみです。例えば，妻が自分の考えを夫に明かし，夫の意見を求める時，夫は「自分を鏡で見なさいよ，どんなに綺麗な服でも，お前が着ると，綺麗に見えねえ」と冷ややかな口調で，まったく相手の発言を無視した返事をしたりします。また，管財の相談をしている際に妻は夫に対して「あ

なたは◯さんの旦那のように稼ぐなら，このようなつまらないことを，どうしてあなたに相談する必要があるのか」，「私は本当に馬鹿だね，なんであなたのような無能な人と結婚したのだろう」と夫の自尊心を決定的に破壊する発言をします。

②提醒懲罰型（注意を与え，懲罰する）

特に女性が愛用する方法です。彼女たちは本当に夫を傷つける気は無いかもしれませんが，この方法により自分の不満を表明し，自分の気持ちを的確に理解してもらい，過ちをしっかりと反省するように，夫に注意を促します。例えば，家の物を壊したり，セックスの拒否，または消極的な対応，子どもの前で父親の欠点を言ったり，実家に帰ったりするなどの言動を取ります。

③不管不顧型（家のことを省みない）

相手の悩みや家のことに対して関心を払わず，これまでずっと自分がやってきた家事を放棄し，黙って出かけてしまったりなど理由無き「失踪」を繰り返したり，話をしない，相手と顔を合わせないなど，相手のことを無視したりします。

④聴之任之型（放任する）

これはかなり深刻な状況です。2人の間に大きな感情的危機が訪れていることを意味します。積極的に問題を解決する意欲が失われ，相手のやっている，言っていることと自分とはまるで無関係のように振る舞います。

この種の暴力は，一般に知識人家庭内で多発すると言われます。理由はおよそ3つあります。1つは当事者はたいてい高い教育を受けており，殴り合いへの自制心が強いからです。2つ目は，相手の心理を比較的熟知しており，精神的攻撃を好むためです。3つ目は，法律に対する理解度が高いので，法廷で訴えられるような暴力を控えるためです。中国では，現在，毎年平均約150万組の夫婦が離婚しますが，その多くはこうした家庭内暴力によるものです。

女性の教育水準も高くなったこの時代において，女性は収入が増加するにつれ，家庭における立場も向上します。また，社会全体も女性の離婚に対するマイナスイメージがかなり薄れてきており，それにより女性は迷うことなく離婚するようになったと言えます。そのため，男性がもし暴力を振るったら，相手の女性はもう黙ることなく，自ら離婚を切り出すのです。

2006年11月23日，上海市が4,500人余りの市民を対象にサンプル調査を行っ

たところ，7％が家庭内暴力を経験したことがあるとし，9％が「あったかもしれないが，家庭内暴力と呼べるかどうか分からない」と回答したのです。また，20％が「冷暴力」を受けたことがあると答えました。そして，もし暴力を受けた時の対応について，12％が「断固として離婚する」，60％が「なんとかして暴力の原因を取り除く努力をする」としています[20]。

1999年11月3日の国連大会で，11月25日を女性に対する暴力撤廃・国際デーとしました。そして近年，中国でも女性に対する暴力問題が社会からますます重要視され，注目を集めています。

日本では2001年に配偶者からの暴力の防止及び被害者の保護に関する法律（DV防止法）が施行されました。中国でもこれまで家庭内暴力を禁止する法律法規が多く作られています。中国婦女発展要綱では，女性への暴力侵害，女性誘拐，女性売買といった犯罪行為を有効に抑止することを女性発展の目標の一つに定めており，また家庭における女性の平等的地位を守り，家庭内暴力を厳禁すると規定しています。

また婚姻法第43条によると，家庭内暴力が発生した場合，被害者の要望を受けて，住民委員会および職場，公安機関は制止，調停しなければなりません。被害者の要望を受けて，公安機関は治安管理処罰条例に基づいて，加害者に対して行政処罰を行わなければなりません。第45条では，犯罪行為にあたる家庭内暴力に対しては刑事責任を追究する，被害者は刑事訴訟法に基づいて裁判所に提訴することができる，公安機関は捜査を行い，検察員は起訴しなければならない，と定めています。

2005年12月1日から施行された改正女性権益保障法第46条では，「女性に対して家庭暴力を実施することを禁止する。公安，民政，司法行政等の部門および都市と農村の住民自治組織，社会団体は，それぞれ自らの職責範囲内で家庭暴力を予防，制止し，法律に基づいて被害を受けた女性に救助を提供すべきである。」と定めています。

注
1）『生活時報』1999年6月23日付。
2）『人民中国』2004年3月号。
3）家永登「中国における人工生殖の現状と法規制—最近の家族法教科書の記述を

中心に」『専修法学論集』第93号，2005年3月，197頁。
4）『人民中国』2004年2月号。
5）南雲智『中国「戯れ歌」ウォッチング』論創社，2000年，187〜189頁。
6）『人民網日本語版』2003年2月24日付。
7）『中国巨龍』2002年9月10日付。
8）『北京晨報』2007年3月4日付。
9）『中新網上海』2002年6月11日付。
10）『北京晨報』2007年3月4日付。
11）『時代潮』2002年第20期。
12）莫邦富『中国「新語」最前線―インターネットから性風俗まで』新潮社，2002年，157頁。
13）『人民網日本語版』2002年7月4日付。
14）『重慶晨報』2004年4月9日付。
15）『人民網日本語版』2004年6月21日付。
16）『人民中国』2005年12月号。
17）『時代潮』2002年第20期。
18）『時代潮』2002年第24期。
19）『時代潮』2002年第24期。
20）『上海青年報』2006年11月24日付。

コラム

干支と出産

　干支（十二支）は中国の発明品です。古くから日本に伝わり，今は日本でもよく使われています。ただし，呼び方は日本と中国とは違います。日本では子（ね），丑（うし），寅（とら），卯（う），辰（たつ），巳（み），午（うま），未（ひつじ），申（さる），酉（とり），戌（いぬ），亥（い）と呼びますが，中国ではずばり鼠，牛，虎，兎，龍，蛇，馬，羊，猴，鶏，狗，猪となっています。つまり日本では依然として昔の呼び方，一方の中国はすっかり現代語に直したわけです。特に中国では猪＝豚（ぶた），日本では猪＝いのししとなっています。さらに十二支についての考え方にも，日中間でずいぶん違いがあります。中国人は十二支を結婚や出産と結びつけて使う場合が多々ありますが，日本ではほとんど無いようです。

　中国では，猿年，龍年，馬年に生まれた子どもは縁起が良く，運勢も強い，逆に，羊年は運勢が悪い，というイメージです。これらは当然迷信ではありますが，その影響を受ける人が今も多いようです。実際，中国の出生率は龍年，馬年，鶏年は高く，羊年，虎年は低くなっており，干支と大きく関係しているのが現状です。

　2007年は出産に縁起の良い60年に1度の金猪年とされており，狗年に続いて人気の年となります。金猪は将来生まれてくる子どもにもっとも良い運勢をもたらすと考える人は，2006年に結婚し，2007年に金猪の赤ちゃんを産むという計画を立てました。『中国婦女報』が伝えたところによると，出産ラッシュによって人材不足が引き起こされる可能性があると一部の企業は憂慮しています。山東人材ネットは「女性職員の出産によって人材不足の問題に直面しているか」について，企業50社の人事管理担当者に調査を実施しました。調査結果では，36の企業で問題があるとの回答が寄せられ，特に販売や顧客サービスなどの業種で多かったのです。

　有識者は「干支は生まれ年を計算する記号にすぎず，人の性格と運命は生まれ年とはまったく関係がない」と，また人口学を研究する専門家は，「いわゆる縁起の良い年に生まれた子どもが多いため，進学，就業などで競争が激化し，プレッシャーが大きくなる」と指摘しています。にもかかわらず，干支は人生に多大な影響を与えるかも知れないと考える中国人が今も多く存在します。

猪年のシンボル

第4章　変化する教育制度と国民の教育機会

1　教育の格差と国民の階層化

（1）　教育機会の不平等拡大

　教育における機会均等の問題は大きな社会問題であり，日本や欧米の教育学においてもっとも多く議論されてきた問題の一つであり，近代教育学の成立に際して1つの中核となってきたとさえ言えます。近年，中国では教育機会の平等が著しく損なわれ，教育における国民間の不平等が急速に拡大しています。

　2003年2月13日，教育部（中央省庁）は中国初の『中国教育と人的資源問題報告』を発表しました。当時教育部の部長（大臣）がプロジェクトチームの顧問，副部長（副大臣）がチームリーダーをそれぞれ務め，全国の有名学者・専門家が集まって完成させた同報告によると，中国における教育機会の不平等は主に以下のところで現れています。

1）　義務教育財政配分の不平等

　1つは地域間格差です。行政区画別にそれぞれの地域を見ると，義務教育に対する財政責任の基礎がすでに崩れており，経済発展と経済力における地域間格差が非常に大きくなっています。加えて，中央と省レベル政府の義務教育に対する財政移転機能が不十分であるため，地域間の義務教育財政配分の不平等は驚くほど拡大しています。

　1998年度，各省・自治区・直轄市の教育財源の平均数で見ると，小学生1人当たりの予算内経費は378元でしたが，最高は上海市の1,957元，最低は河南省の202元となっています。県レベルで比較すると，この差はさらに大きくなります。経費や教育環境などに大きな格差が生じているため，必然的に入学率，特に教育の質において大きな格差が生まれてきます。北京市と上海市の大学進学率はすでに40％に達している一方，貴州省の中学校進学率はまだ52％にすぎません。

2つ目は，都市農村間の格差拡大です。教育法の規定では，農民は教育費付加という一種の教育税を負担しなければなりませんが，ほとんどの都市住民はこのような責任を負いません。また，義務教育の段階にあたる小・中学校の建設費負担について，教育法によれば，都市部では政府が負担するのに対して，農村では郷，村の責任となっており，一部は農民の資金を集めて充てています。このため，都市の学校と農村の学校には教師，経費，教育環境などで著しい不平等が発生しています。

　1998年，全国中学生の1人当たりの平均予算内経費は，都市部での813元に対し，農村部では486元，小学生では都市部520元，農村部311元とそれぞれ違ったのです。特に経済発展が立ち遅れている地域において都市と農村の格差はより一層激しく，貴州省の中学生では，都市部560元，農村部301元でした。

　3つ目は，階層間の格差が進んでいる点です。学費の増加，失業率の上昇などにより，貧困家庭では子どもの教育費用捻出がますます困難になっています。1990年代半ばの調査によると，北京市において家庭が貧しい小・中学生は5万4,000人いたのです。また全国的に見ると，貧困地域において生活が困難であるため中途退学する学生は約60％を占めます。そして，農村貧困地域で授業料と雑費が免除された学生は2～3％にすぎません。

2） 地域間の高等教育機会の不平等

　中国では，大学進学機会の平等を目指して全国統一試験が実施されてきています。しかし，高等教育発展水準の地域格差が拡大するにつれ，不平等も大きくなっています。例えば，2001年，全国屈指の名門大学である北京大学と清華大学が北京市で募集する定員は定員総数の13％と18％を占めました。一方，北京市の高校卒業生数は全国の0.9％にすぎませんでした。つまり，北京市の高校卒業生が北京大学と清華大学の試験を受けて入学する確率は，全国平均の十数倍にもなっています。

　このように，社会主義（計画経済）は「結果の平等」，資本主義（市場経済）は「機会の平等」を重視すると言われていますが，「社会主義市場経済」を標榜する中国では，「結果の不平等」だけでなく，「機会の不平等」も拡大しています。中でも「機会の平等」を保証するための教育の公正に関しては問題が特に多いのです。

　日本では同じ大学，同じ学科なら，出身地と関係なく同じ合格点で学生を募

図表 4-1　地域別高等学校卒業以上の労働者の割合（単位：％）

地域	高等学校	専科大学以上	地域	高等学校	専科大学以上
全国	12.1	6.78	河南	10.6	5.07
北京	26.5	30.94	湖北	13.0	5.97
天津	22.9	14.80	湖南	13.0	5.59
河北	11.7	5.47	広東	17.6	7.54
山西	13.9	7.92	広西	10.3	5.11
内モンゴル	15.9	10.34	海南	15.8	7.01
遼寧	13.0	9.88	重慶	9.1	5.52
吉林	14.6	8.19	四川	6.8	4.20
黒龍江	14.9	8.64	貴州	6.0	4.53
上海	25.6	21.99	雲南	5.8	3.88
江蘇	15.0	7.62	チベット	1.4	0.91
浙江	11.7	6.48	陝西	13.1	7.63
安徽	8.0	4.97	甘粛	10.1	5.78
福建	12.9	6.85	青海	9.5	10.05
江西	10.8	5.44	寧夏	11.6	9.88
山東	11.8	5.08	新疆	12.6	12.26

出所：国家統計局人口和社会科技統計司・労働和社会保障部規劃財務司編『中国労働統計年鑑2006』中国統計出版社，2006年，62頁より作成。

集していますが，中国では出身地により合格点は大いに異なります。一般的に言えば，大都市出身者の学力は地方出身者より低いのが現状です。教育部の研究チームの調査によると，2000年全国重点大学の合格ラインでは，北京市は文科で462点，理科で469点となっているのに対して，浙江省ではそれぞれ560点と573点に達しています。地方出身者なら短大しか入学できない学生は，北京市または上海市の戸籍を持つだけで重点大学に入れるケースも少なくありません[1]。

経済発展水準の凄まじい格差に加えて，こうした教育機会の著しい不平等もあって，中国の労働者の教育水準には極めて大きい地域格差が存在します（図表 4-1）。

（2）　教育機会の不平等による国民の階層化

教育機会の不平等は国民の階層化をもたらし，さらに国民の階層化を固定してしまう恐れがあります。教育環境を比較して見出された学校間格差は，単に教育制度上の問題だけではなく，社会構造に根ざした社会問題であるとも言えます。中国では小学校から大学まで，すべて普通校と重点校とに分かれていま

す。両者の間には極めて大きな教育環境の格差が存在します。それは社会階層の再生産の温床ともなっています。つまり，より良い学校への進学熱がその学校の教育環境を向上させ，教育環境の向上がさらに大学進学率を上昇させるように機能しています。それとは逆に，教育環境を向上させるだけの諸経費を確保しにくい学校は，教育環境の停滞を招き，優秀な生徒は入学しないため，進学率の上昇はますます難しくなります。こうして富裕層はより良い学校への投資を通じて，自分の階層の再生産を果たしているのです[2]。一方，労働者階層は富裕層に比べ，明らかに教育機会が少ないのです。

　教育機会の確保に必要な資本は一般に，「経済資本」，「文化資本」，「社会関係資本」に分かれます。経済資本は各家庭が得ている収入や所有する財産です。社会関係資本は各家庭が持つ社会的ネットワーク，例えば，同僚，親戚，友人などです。

　文化資本は親の学歴や，家に所有する本・コンピューターなど子どもの勉強に役立つ資源，そして親の子どもの勉強に対するモチベーションなどが含まれます。ある個人が社会的地位を獲得するにあたって，親から受けた文化的影響は少なくありません。例えば，親が教育熱心であれば，子どもは高等教育を通じて社会移動を行うことが容易になるし，親が特定の階層で通用するマナー（動作やふるまい，言葉づかいなど）を子どもに教え込めば，子どもはその階層に属する者としての行動をとりやすくなります[3]。

　経済資本，文化資本，社会関係資本において，富裕層は一般階層や社会下層より恵まれているため，その子どもがより良い環境で勉強ができ，高い学業成績を収めやすくなります。そして学校教育で成功した富裕層の出身者は，社会地位の達成においても有利であると専門家たちは認めています。逆に，一般階層，とりわけ社会下層は教育環境や教育資源の面において必ずしも富裕層のそれと同等では無いため，その子どもの学業成績さらに社会的地位の獲得の際に，当然不利になります。特に教育権利の不平等が著しい国では，一般階層，特に社会下層の子ども教育はさまざまな障壁にぶつかる可能性が高くなります。

　すでに調査研究が明らかにしているように，改革開放後中国社会の激しい変化は，労働者家庭の子どもの学業達成にマイナスの影響を与えています。労働者家庭の子どものうち，成績の面において上位に達する者はわずかです。親の多くは，自分自身の失業や転職などの生存問題にも絡んで，子どもの教育への

モチベーションや関与が弱くなります。子どもの教育への投資は，家庭の経済状況の悪化に伴い，最小限に抑えられます。労働者家庭の子どもの多くは，文化資本，経済資本，社会関係資本という3つの壁に同時にぶつかっています。そのような状況下で，労働者家庭の親たちの教育戦略は大きく制限されます。特に高い教育期待を持ちながらも，その達成手段の乏しい状態が常に存在します。
4)

日本でも，経済的困窮が子どもの教育にマイナス影響を与えていることについて，実証的研究がなされています。例えば，生活保護受給家庭の子どもは非受給家庭の子どもと比べ学力レベルが低いことが実証されています。経済的貧困が原因で子どもの学業成績の達成を難しくするばかりでなく，さらに世代を跨いで継続していくかも知れません。つまり，貧困サイクルの形成です。そのプロセスは「貧困の親」→「不適当な育児」→「子どもの情緒的・社会的・知的デプリベーション」→「学校での失敗」→「不安定な職もしくは失敗」→「不安定な結婚・家族生活」→「貧困の親」となります。
5)

所得格差と教育格差が密接に連動しながら，社会階層を固定化させていきます。そのプロセスは日本のみならず，中国でも強く現れています。教育機会の不平等は社会階層の固定化をもたらし，社会移動を阻止するのです。

（3）　教育財政の特徴

中国の教育および教育財政は文化大革命を分岐点として，その前には非法制的に管理されていましたが，その後は法制化が進められています。特に1986年の義務教育法の施行によって管理運営の法制化が実現されました。

学校教育の管理体制および教育財源においては，改革開放以降，従来の「統収統支（国家による収支の統一的管理）」の原則を改めて，普通教育，とりわけ義務教育は地方政府の管理および経費負担となりました。さらに教育財源の調達においては，もっぱら政府予算によるやり方から，政府予算プラス教育費付加，捐資・集資などを加えた多様な方法が採られます。こうして教育財政収入は，国家財政（教育予算），教育費付加（税），学費・雑費，学校運営産業収入，社会捐資・集資，教育基金から構成されるようになりました。そのうち，政府の教育予算（予算内教育経費），学費・雑費，教育費付加はメインで，全体の約7割強を占めます。教育費付加は一種の税金で，農村地域では1980年初頭から徴

収するようになりました。21世紀に入ってからの農村税制改革と地方分権の見直しにより、教育費付加が廃止されました。以下、1990年代以降国家財政教育経費の構成比（教育経費総収入に占める割合）の変動を見ていきます。

　教育経費収入総額のうち、国家財政教育経費総額が占める割合は急速に下がっています。1992年の84.1％から2004年の61.7％にまで下がったのは、教育財源に対する国家財政の負担分が縮小され、代わりに民間団体・個人の投資、社会捐資・集資、学費・雑費、その他が占める部分は大きくなったことを意味します。例えば、学費・雑費の占める割合は、1992年の5.1％、1996年の11.5％、2000年の15.5％、2004年の18.6％へと急速に上がってきました。つまり、教育費用の負担において、国家財政が軽くなる一方、教育を受ける子どもとその親が重くなったのです。

　国家財政教育経費は中央政府と地方政府がそれぞれ一定の割合で負担しますが、中央政府の財政負担は小さく、地方財政は大きいという特徴が一貫した状況です。2004年、国家財政教育経費総額は4,465億9,000万元でした。そのうち中央は419億元で全体の9.4％を占めるのに対して、地方は4,046億8,000万元で全体の90.6％を占めました。そして国家財政教育経費のうちの主な要因である予算内教育経費について見ても、同様に教育予算全体では中央は368億元（9.1％）、地方は3,660億元（90.9％）を負担しました。その背景には、義務教育法第8条による義務教育は地方責任、すなわち経費は地方負担という原則があるからなのです。義務教育以外のところ、高級中学、中等職業学校でも、中央の負担率は低いです。中央の教育予算は主に高等教育に使われているのです。

（4）　義務教育の費用負担

　中国の義務教育は日本と同様に小学校6年、中学校3年の合計9年間です。1980年代半ば以降、初等・中等教育段階における改革の中心課題は、9年義務教育の完全実施です。1985年、共産党中央が「教育体制改革に関する決定」を公布し、9年義務教育の完全実施という方針を明らかにしました。一方、同決定は教育行政の地方分権化推進の方向をも打ち出しています。それによると、基礎教育については地方政府が責任を負い、行政レベル別に管理します。その後、1995年制定の教育法でも、「中等および中等以下の教育は国務院の指導の下、地方の人民政府が管理する。高等教育は国務院と省・直轄市・自治区の人

民政府が管理する」（第14条）と定められたのです。

ところで，9年義務教育の完全実施に関して，方針決定から20年近く経ってもいまだに目処が立っていないのは農村地域です。そのため，2001年に国務院は「基礎教育の改革と発展に関する決定」を公布し，農村地域における義務教育の完全実施を「戦略的任務」として掲げ，各レベルの政府に対して管理体制の整い，経費投入の保障などを求めています。これを受けて2002年4月14日には，国務院が「農村義務教育の管理体制を完備することに関する通知」を通達し，各レベルの政府が果たすべき指導・管理上の責任をより具体的に示しました。そのもっとも重要なポイントは，農村義務教育の管理責任体制では従来の郷鎮政府責任制を改めて県政府責任制へ転換していくということでした。これは1980年代半ば以降地方分権化推進の中で生じた上級行政部門の下級への責任転嫁という行き過ぎを是正するための措置とみなされます[7]。

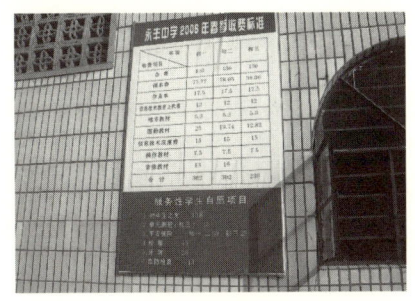

中学校の学費掲示板

しかし実際，こうした政策の動きがあるにもかかわらず，広大な農村地域にあっては，依然として経済的困窮，男尊女卑，労働力確保などの原因により，不就学児童が大量に存在します。2006年1月25日，教育部の報道官は，全国1億8,000万人の小・中学生のうち，230万人がなんらかの原因で中途退学しているとのデータを明らかにしました。2004年，全国小学生の平均中退率は0.59％，中学生の平均中退率は2.49％でした。経済発展が遅れている西部の貧困地域では小学生で2％，中学生で7％以上に上ると見られます。中退の理由はさまざまですが，同報道官は，「貧困によるものの割合が大きい」としました[8]。もちろん，その中で，教育財政の不足が重要な原因にもなっています。

財政部（中央省庁）によると，農村部の小・中学生にかかる雑費の負担額は現在，小学生が年間140元，中学生が180元です。財政部方針として，2006年から西部農村地域の小・中学生にかかる学費と雑費をすべて免除し，2007年には対象地域を中部と東部に拡大します。また，第11次5カ年（2006～2010年）計画期間中，農村の義務教育に対する国の財政投入を新たに2,082億元増やしま

す。常識的に考えれば，義務教育は国が国民に提供すべき公共サービスであり，それを実施するための運営経費，施設の整備費，教職員の人件費などは当然中央と地方の各級政府が共同で負担すべきなのです。

　中国は，すでに「子どもの人権条約」を批准しています。締約国は子どもの教育への権利を認め，かつ，漸進的に平等な機会に基づいてこの権利を達成するために「定期的な登校及び中途退学率の減少を奨励するための措置」（第28条1のe）を講じなければなりません。とにかく農村義務教育の健全な発展を図るには，国が制度化した財政支出によって最終責任を負うことは先決条件です。

２　大学生の就職難問題

（1）　厳しい就職戦線

　現在，日本，中国を問わず，若者の失業は共通の問題です。中国の都市部において，従来，中高年のリストラは非常に深刻でしたが，近年，若者の失業も大きな社会問題として急浮上したのです。

　2005年5月20～21日，青年の就業と調和社会国際フォーラムが北京で開かれ，『中国第1回青年就業状況調査報告』が発表されました。今回の調査は全国青年連合会，労働・社会保障部（中央省庁）附属の労働科学研究所が共同で実施したもので，大連市，天津市，長沙市，柳州市の企業220社で働く15～29歳の若者7,000人とその雇用主を対象に行いました。内容は若者の教育，就業，起業および若者を取り巻く労働市場などが直面する問題についてです。同報告によると，若者の失業率は9.0％で，平均失業率6.1％を上回っており，若者の就業問題が深刻化しています。

　こうした若者の高い失業率とも関連して，高学歴者の失業も近年現れ始め，増加傾向にあります。2001年6月末の時点で，北京市の登録失業者は4万200人で，そのうち大学・専門学校以上の学歴を持つ者は2,100人もいました。広東省深圳市では，2001年5月9日までに登録失業者の中，大学・専門学校以上の学歴を持つ者は3,157人で，失業者全体の12.34％を占めています。国民の教育水準が全体的にまだ高くない中国では，こうした高学歴者失業や大学生就職難は誠に奇妙なことです。

第4章　変化する教育制度と国民の教育機会

　中国では1987年から，大学卒業生の就職も「双方向選択」という政策を取り入れ始めました。それにより，大学の推薦と自分の職探しという2つの方向から職業選択が可能になったのです。つまり，従来の行政手段による「統一配属」という就職制度が改められ，卒業生たちは自分の意志で自由に職業を選ぶことができるようになりました。そして，1997年の「並軌制（2つの制度を一本化すること）」の実施と同時に，卒業生の就職は完全に労働市場の需給に委ねられました。そこで，大学卒業生の就職難も発生し，ますます大きな社会問題として注目されるようになりました。
　中国における高学歴者は一般に専科大学（2～3年制），本科大学（4～6年制），大学院の修士課程（3年制）と博士課程（2年制）を卒業，修了した者を指します。ここでまず，大学卒業生（普通高等教育機関の専科卒，本科卒および大学院卒のすべてを含む）の進路決定率を見てみます。
　進路決定率＝（卒業者数－進路未定者数）／卒業者数×100％とします。近年，6月に実施された大学卒業生就職実態調査の進路決定率は大体50～60％ですが，6月後半から9月にかけて進路決定率の急上昇が見られます。また，教育部が公表した進路決定率は1996年93.7％，1997年97.1％，1998年76.8％，1999年79.3％，2000年82.0％，2001年90.0％，2002年88.0％と比較的高いのですが，9月の数値と年末の数値が混ざっているため，進路決定率の増減の把握は難しいです。[12]
　ただ，名門大学の就職率は非常に高く，卒業生は引っ張りだこになっています。2003年4月4日，全国大学生情報提供・就業指導センターは，教育部が管轄する74大学における2002年卒業生の就職率を初めて公開しました。就職率95～100％ともっとも高い数字を記録したのは，北京大学，北京化工大学，北京外語大学，北京郵政大学，天津大学，上海交通大学など26校でした。次位グループには，中国人民大学，北方交通大学，北京師範大学，中国政法大学，復旦大学，南京大学，山東大学など28校が90～95％で続き，清華大学，中央財経大学，対外経貿大学，中国鉱業大学北京校，中国地質大学，重慶大学，吉林大学など11校が85～90％で第3グループを形成しました。[13]
　2006年度は，大学卒業生に「就職ができれば給料はなくてもかまわない」とまで言わせた就職難現象すら起こりました。また2007年1月9日付で新華社が伝えたところによると，陝西省西安市にある有名な法門寺（西安市の西120km

69

の扶風県法門鎮にある古刹で，1988年に法門寺博物館が開館）には就職を希望する大学生が急増しています。7日に西北農林科技大学で行われた就職相談会には法門寺がブースを構えました。募集は男子学生のみですが，女子学生の姿も見られたと言います。採用予定人数は21人ですが，60人が応募しました。月給は700〜1,200元で，食事代と住居費はすべて法門寺が負担します。8日には試験が行われ，同大の修士号保有者4人と学士号保有者5人のほか，別の大学の9人も採用しました。法門寺では「時代の発展に応じて，今後は高学歴者の採用人数を増やしていく」とコメントしています。

アジアの大学の中で最大の正門を誇る南昌大学

（2） 大学生就職難の背景

中国の労働市場の需要はまだ拡大する段階にあり，大学卒業生の就職難は以下のようにさまざまなミスマッチから生じたことと考えられます。

1） 専門分野の設置における需要と供給の齟齬

長い間，大学生の就職は政府指導の下で大学の責任で職場を配分されてきました。このため，養成側の大学は大学卒業生と労働市場との需給関係をほとんど気にせず大学運営を行ってきたのです。結果として多くの大学が盲目的に人気の高い学科や専攻を追い求め，一部の学科や専攻の過剰設置をもたらしました。

武漢大学中国科学評価研究センターによる『2006年大学評価報告』は，初めて全国667の大学（私立を除く）の各学科・専攻に対して全面的な評価を行いました。それによると，もっとも多い専攻は英語で，554の大学（評価対象の83.1％）が開設しています。次はコンピュータの526校(78.9％)で，法学の407校 (61.0％)が続きます。4〜10位は，国際経済と貿易が384校，芸術デザインが382校，会計学が382校，情報処理が370校，電子情報工学が367校，市場経営が361校，ビジネス管理が356校に上ります。[14] 2006年11月22日，教育部は就職率の低い大学および学科について2007年から募集人数を削減すると発表しました。

2) 大学卒業生数と労働市場求人数の齟齬

現在，中国は都市部新規労働者の増加，農村労働力の移動，一時帰休者・失業者の再就職といった"3つの頭痛の種"を抱えています。このため都市労働市場における供給過剰・需要不足の状況はより厳しくなることから，大学卒業生の就職にはマイナスの影響がもたらされます。政府の大学教育計画によれば，2010年までに大学進学率は約25％に達し，在校生は3,000万人に達する見込みです。その時，大学生はますます就職難の状況に陥っていくに違いありません。

3) 期待と現実のミスマッチ

大学卒業生は，非常に高い期待を持っているのも就職難の重要な一因です。まず，高い初任給を望んでいる人が多いのです。しかし実際，就職した者がもらえる給料は必ずしもそれほど高くありません。また，大学卒業生は就職において職業，職種に対するこだわりが非常に目立ちます。大手求人サイト中華英才網が大学と協力し，2007年度卒業の大学院，大学，専門学校生に大掛かりの就職希望調査を行いました。もっとも人気のある就職先は合弁企業または外資系企業（28％），国家機関（24％），事業体（20％），国有企業（15％）でした。民間企業への就職希望者は1％にも満たなかったです。[15]

公務員になって政府機関に入るのは大学卒業生にとって非常に魅力的なことになったため，近年，公務員受験はますます熾烈さを増しています。人事部（中央省庁）の関連部門が発表した2007年度公務員採用試験の状況によると，89部門，1万2,724人の募集に対し，111万3,966人がネットを通じて応募があり，そのうち74万2,386人が資格審査に合格しました。最終的な受験者は53万5,574人となり，採用倍率は42倍になったのです。なお，前年の倍率は48.6倍でした。給料の高い外資系企業と違って，公務員は安定性，医療や退職後の保障，社会的特権，体面や達成感，出世の可能性などにおいて抜群なのです。

また，大学卒業生が就職先の所在地に対しても相当こだわっています。彼らが希望する就職先の所在地は主に中心都市と，長江デルタ，珠江デルタです。多くの大学生が大都市で就職したいため，大都市は大学生就職の激戦地になっています。2007年1月29日，北京市社会科学院は『2006〜2007年北京青書』を発表しました。2006年に北京市内の大学を卒業する学生の就職状況アンケートの結果によると，卒業生の第1希望就職地は北京が75.2％でトップ，以下上海

6.1%，広州6.1%，深圳6.1%，その他東部沿海経済発達地域8.3%，中部の大・中都市1.5%，西部の大・中都市2.8%でした。希望就職地として，まず北京を挙げた主な理由は，情報量が多いことと，今後の発展の可能性が大きいことにあります。このほか，その他の経済発達大都市や東部沿海の経済発達地域も北京の大学生にとって非常に魅力的な就職地ですが，中部や西部の大・中都市を選ぶ者は極めて少ないのです。特に農村出身の大学生はせっかく都会に出るチャンスを掴んだのだから，卒業後は当然ふたたび農村に戻る気がありません。

高校内にある大学進学決定者リスト掲示板

（3） 技術労働者はなぜ少ないか

　立身出世を強く望んでいる大学生が就職難の状況下で悪戦苦闘しているのとは対照的に，中・高級技術者は経営者以上の賃金を提示しても採用を確保できないという現象も出ています。特に深刻なのは長江デルタと珠江デルタです。

　ですから，こんなことを言う人もいます。北京，上海，広州，深圳といった大都市では，いたるところに博士，修士が転がっている。しかし，高級技術労働者を見つけるのは至難の業だ，と。このような状況をもたらした原因は多くあります。1つは，大学の学生募集拡大にあります。職業技術学校の大多数は都市にあり，その教育制度も普通教育を踏襲しており，募集対象はいつも都市の子どもを狙っています。しかし，現在都市の子どもはほとんど大学進学を希望しています。その結果，中等職業教育の生徒は激減し，教育水準も引き続き向上することができません。

　2つ目は，「望子成龍（子どもを超エリートに育てる）」という伝統的な意識にあります。大学進学の望みが少しでもあれば，必ず大学へ行かせたいと思います。中国では，ブルーカラーとホワイトカラーの相違は労働者と幹部の相違に準ずると思われ，両者の社会地位や，福利厚生の大きい格差は当然，人々に後者を選択させる要因となります。

　以上で見た通り，中国の大学卒業生は肉体労働関連の職業・職種を敬遠して

第4章　変化する教育制度と国民の教育機会

図表4-2　業種別専科大学卒業以上労働者の割合（単位：％）

業種	割合	業種	割合	業種	割合
平均	6.8	情報産業	45.7	水利・環境・公共施設管理	21.4
農林水産・畜産業	0.2	卸売・小売	7.9	公共サービス	3.4
採鉱業	7.0	ホテル・飲食業	4.1	教育	64.9
製造業	6.4	金融業	55.2	衛生・社会保障・社会福祉	42.4
電力・ガス・水道	25.6	不動産	30.0	文化・スポーツ・娯楽	34.7
建築業	10.1	リース・ビジネスサービス	34.6	公共管理・社会組織	54.3
交通運輸・倉庫・郵便	14.7	科学研究・技術サービス・地質調査	57.7	国際機関	50.6

出所：国家統計局人口和社会科技統計司・労働和社会保障部規劃財務司編『中国労働統計年鑑2006』中国統計出版社，2006年，67～69頁より作成。

図表4-3　都市部学歴別労働者の週平均労働時間

学歴	週平均労働時間（時間）	週平均労働時間（割合）		
		40時間（％）	41～48時間(％)	49時間～（％）
未就学者	44.4	17.5	8.2	44.1
小学校卒業	47.8	18.5	9.8	51.4
中学校卒業	50.0	23.2	11.9	53.5
高等学校卒業	47.8	43.6	13.2	37.6
専科大学卒業	43.2	70.1	10.2	15.3
本科大学卒業	41.9	78.0	7.8	9.5
大学院卒業	41.3	80.5	5.3	8.8

出所：国家統計局人口和社会科技統計司・労働和社会保障部規劃財務司編『中国労働統計年鑑2006』中国統計出版社，2006年，98頁，103頁より作成。

います。その背後には頭脳労働と肉体労働を峻別し，肉体労働を軽蔑するという中国の伝統文化が横たわっています。学歴社会になった中国では，労働は光栄だ，技術は重要だ，とどんなに強調しても，実際，技術労働者の地位は依然低いのが現状です。したがって，大学卒業生は肉体労働の現場にほとんど就職しません。このことは図表4-2を見ても明らかです。また図表4-3が示すように，学歴が高ければ高いほど労働時間が短くなります。

　優秀な技能者が育たない大きな原因としては，職業学校が，高等学校や大学の受験に失敗した学生の「すべり止め」になっているという現実があります。「ぶらぶらさせるよりましだ。将来，食い扶持にも困らないだろう」という程

度の意識で子弟を入学させる親も多数います。その結果，職業学校は「失敗者の進路だ」と蔑視されています。一部の企業，とりわけ私営企業は目先の利益しか求めず，技術労働者の養成や訓練をおろそかにしています。というのは，従業員の異動が激しくて，職業訓練に投資しても，せっかく育てた高級技術労働者は他企業にスカウトされてしまうかもしれないからです。[16]

　高い技術を持つ労働者の不足は，多大なマイナス影響を及ぼしています。現在，中国企業の製品の平均合格率は70％にすぎず，科学技術成果の応用率は15％にとどまっており，技術進歩による経済成長への貢献度は29％と低い数値を示しています。こうした状況を目の当たりにして，中国政府は近年ようやく技術労働者の育成に力を入れるようになりました。労働・社会保障部は2004年に全国人材活動会議を開催し，「3年間50万人新技師育成計画」を打ち出していますが，2004～2006年の間，製造業やサービス業などの業種において，新しく50万人の技師を養成し，機械電気や情報産業などを重点業種として，人材評価システムを確立することがその主要内容となっています。[17]

③　世界を行く中国人留学生

（1）　沸騰する留学ブーム

　中国の若者が初めて外国に留学して，すでに130年余りが経ちました。1978年改革開放以降，留学がふたたびブームとなり，大学生や仕事を辞めた社会人が相次いで海外留学するようになりました。

　1978年から2006年末まで中国人留学生の数は100万人を突破し，106万7,000人に達しました。そのうち，人数の増加は2000年以降に集中しています（図表4－4）。留学生は公費留学生と自費留学生に大別されます。2007年3月6日に教育部が明らかにしたところによると，2006年度の中国人留学生数は13万4,122人で，うち公費留学生は5,580人，企業派遣留学生は7,542人，私費留学生は12万1,000人でした。中国政府の関係部門はここ数年，海外への公費留学生派遣業務に力を入れており，定員数を増やしてきました。2007年から「国家一流大学大学院生公費派遣留学プロジェクト」が始まりました。同プロジェクトは2007～2011年の5年間，全国の重点大学49校から1大学につき毎年50～150人，計約5,000人の優秀な学生を選抜し，公費で海外の一流大学へ派遣します。

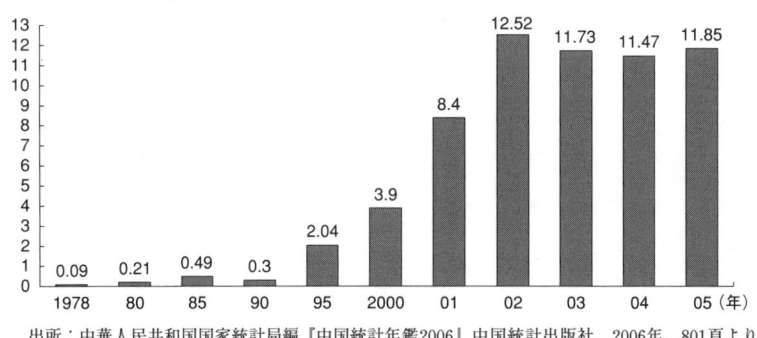

図表 4-4　中国人海外留学生数の推移（単位：万人）

年	1978	80	85	90	95	2000	01	02	03	04	05
万人	0.09	0.21	0.49	0.3	2.04	3.9	8.4	12.52	11.73	11.47	11.85

出所：中華人民共和国国家統計局編『中国統計年鑑2006』中国統計出版社，2006年，801頁より作成。

　人材紹介会社の智聯招聘公司が，北京，瀋陽，上海，西安，武漢の5都市の大学各4カ所（総合大学2カ所，理系大学1カ所，文系大学1カ所）から，来年卒業予定の大学生50人をランダムに選んでアンケート調査を行い，最終的に1,000人から有効な回答を得ました。調査によると，卒業後すぐに就職を希望する学生は約70％，大学院に進学する学生は22.1％，海外に留学する予定の学生は5.3％でした。[18] 一般大学の卒業生だけでなく清華大学，北京大学など名門大学の卒業生も外国の大学院を目指す傾向があります。

　もちろん，留学の動因はもっぱら海外のより良い教育を受けたいというだけではありません。ここ数年，大学に合格しなかったから留学するというケースが増えてきました。親や本人は，留学を不合格からの活路にしているようです。また，就職難を回避するための留学も増えています。

（2）　過熱する英語教育

　留学ブームと表裏一体の関係で，近年，中国では英語教育は過熱状態にあります。改革開放以降，英語の学習は中国人にとって，ますます重要なこととなってきました。小学校から英語を習い始め，中学校・高校進学や大学進学のための入試や，大学と大学院の卒業，修了資格を取得するための全国英語検定，留学希望者を対象とする TOEIC や IELTS，GRE，GMAT，WSK を含むさまざまな英語のテストがあります。英語資格証明書類は学生の進学と就職，社会人の昇進に欠かせない要件ともなっています。

　英語教育は果たしてこれほど重視する必要があるのか，有識者の間で議論が

高まっています。英語の圧倒的な地位は，人材の養成と選抜など多方面にマイナスの影響を及ぼしており，教育資源の浪費となったという指摘がある一方，英語教育は教育資源を浪費しておらず，英語の学習を強調することは非常に重要だとの意見もあります。「英語教育は資源を浪費している」と主張する学者によれば，長い間，英語教育は大量の人的と物的資源を投入し，経済発展と社会進歩において大きな役割を果たしていますが，現状から見て，その効果と投入にはつり合いがとれていません。中学校から高校までの6年間も英語を勉強することになっているが，それ以上進学する気持の無い学生にとっては，自らの努力と地域社会の教育資源がほとんどムダ使いになっています。英語の圧倒的な地位によって，限られた教育資源の配分に深刻なアンバランスが起こっています。中国では技術労働者の不足が深刻化しているのに，職業技術学校の学生募集数は大幅に減っています。一方，さまざまな英語スクールの開設が花盛りです。[19]

2006年9月18日に上海で開かれた中国標準語普及20周年記念座談会の席上，ビジネス界で「過度なまでの英語崇拝」が広がっていることを批判する声が多く出されました。17日に上海で開催された英語検定試験には前年比20％も多い5万1,127人が受験しました。こうした現状を紹介しながら，専門家らは「英語を熱心に勉強すること自体は悪いことではないが，中国人だけの会議でも英語を話すことを強要されるようなケースは異常だ。外国語は重要だが，母国語を軽視するべきではない」と指摘しました。また，教育関係者からは「小学1年から英語で国語教育を行うような学校が増えている現状は受け入れられない」として，学校現場での教育方針を不安視する声も上がっていました。[20]

（3） 帰国留学生の優遇策

改革開放以来約30年間，中国人留学生の数は100万人を突破しました。その一方で，帰国者も増え続けます（図表4-5）。2007年3月6日に教育部が明らかにしたところによると，2006年度海外留学からの帰国者は合計4万1,983人（前年比21.3％増）で，内訳は，公費留学生3,716人，企業からの派遣留学生5,267人，私費留学生3万3,000人でした。

中国は，留学生の海外派遣を社会主義現代化建設にとって必要不可欠なことと考えています。したがって，海外に留学したハイレベルの人材を呼び寄せよ

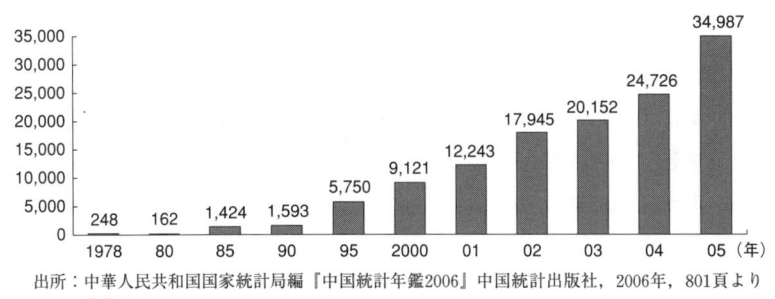

図表 4-5　帰国留学生数の推移（単位：人）

年	1978	80	85	90	95	2000	01	02	03	04	05
人数	248	162	1,424	1,593	5,750	9,121	12,243	17,945	20,152	24,726	34,987

出所：中華人民共和国国家統計局編『中国統計年鑑2006』中国統計出版社，2006年，801頁より作成。

うと，政府は就業条件や賃金体系，科学研究費のほか，住宅購入，社会保険，休暇，家族の就職，子どもの入学などさまざまな優遇策を講じています。中国の経済発展に伴い，帰国創業の道を選ぶ海外留学生は近年増加の一途をたどっており，至るところで「海亀派（海帰派をもじって）」の声が聞こえます。祖国のため，愛国主義，留学先の高給をものともせず毅然として帰国した，といった報道はいつでもマスコミを賑わせています。

　留学経験者の帰国創業は中国の経済と人材市場に新鮮な活力をもたらしました。彼らは外国の学歴，海外で身に付けたハイテク技術の強みと経営管理ノウハウおよび国際的なウォッチャー，外国の文化知識を持つことから，人材市場の人気者となっています。海帰派には，海外の大学や大学院で専門分野の勉強と研究に従事した者だけでなく，IT企業の研究所などで業績を挙げた専門家や企業経営の実務経験を積んだ人もいます。彼らの多くは，中国に帰国すれば既存企業に幹部として迎えられてそれぞれの専門知識・技術を活かすことになります（政府部門の高級官僚になるケースもあります）。一方，自ら起業する者も少なくなく，政府も優遇制度を用意してそれを全面的にバックアップしています。統計によると，2003年末現在，帰国者向けの起業団地は全国で110カ所を数え，進出企業は6,000余社，帰国者は1万5,000人に達し，技術・工業・貿易関連の総売上高は327億元に上りました。北京中関村ハイテク団地だけでも企業は1,785社，帰国者約5,000人に達しました。国務院が2006年2月9日に発表した国家中長期科学技術発展計画綱要（2006～2020年）によると，中国は今後，優秀な留学経験者の帰国や祖国への貢献を促進するためのプランを策定し，留学経験のあるハイレベル人材の導入や，人手不足の分野での留学経験者採用を

重点的に進める方針です。

　また、人事部が発表した「留学生の帰国促進に関する第11次5カ年（2006～2010年）計画」では、今後、留学経験のあるハイレベル人材の受け入れに力を入れ、同期間中に帰国留学生を新たに15万～20万人に増やし、帰国して仕事をする人材を延べ20万人確保することなどが明らかとなりました。当然のことながら海帰派がすべて順風満帆な訳ではありません。資金不足、創業過程における東西文化のギャップ、手続きの煩雑さ、行政機関の非効率、また「人脈の中国」にあって意外なところからの人為的干渉などにも苦労します。

　今、中国では大学新卒者が深刻な就職難に直面していますが、留学生はどうでしょうか。1990年代、海外で学位や技術を取得して帰国した人は、外資系企業でも中国系企業においても歓迎され、賃金や福利厚生の面で優遇されてきましたが、最近、飽和状態となっています。かつては経済、政治、文化の発展にリーダーシップを発揮してきた留学経験者ですが、近年では帰国しても求職に6カ月以上を費やしたあげく、就職率は57.5％と、就職が難しい状況に直面しています。一般企業は、海外大学の学位を取得しているというだけで優遇することは稀になりました。企業だけでなく、北京大学や清華大学などの大学関係者さえ、帰国留学生を以前ほど優遇しなくなったことを認めています。

注
1) 大久保勲・馬成三『2010年の中国経済』蒼蒼社、2005年、237頁。
2) 費駿閣「中国における普通高級中学政策に関する研究―教育環境を中心に」『広島大学大学院教育学研究科紀要』第三部第53号、2004年、173頁。
3) 東アジア地域研究会・北原淳編『変動の東アジア社会』青木書店、2002年、90頁。
4) 張建「中国済南市における労働者家庭の生徒の学業達成」『東京大学大学院教育学研究科紀要』第45巻、2005年、254～255頁。
5) 庄司洋子ほか編『貧困・不平等と社会福祉』有斐閣、1997年、129～146頁。
6) 中華人民共和国国家統計局編『中国統計年鑑2006』中国統計出版社、2006年、823頁。
7) 大塚豊「中国における義務教育行政の分権改革」『教育と医学』第53巻第9号、2005年9月、65～72頁。
8) 『中国新聞』2006年1月25日付。
9) 『中国青年報』2005年12月28日付。

10) 『北京晨報』2005年5月24日付。
11) 国家教育発展研究中心編著『2002年中国教育緑皮書―中国教育政策年度分析報告』教育科学出版社，2003年，99～100頁。
12) 王傑「学部生の進路志向における家庭的背景の影響―中国の4大学を事例として」『教育社会学研究』第76集，2005年，259頁。
13) 『中国巨龍』2003年4月15日付。
14) 『人民網日本語版』2006年5月18日付。
15) 『人民網日本語版』2007年2月14日付。
16) 『時代潮』2003年第9期。
17) 大久保勲・馬成三　前掲書，240頁。
18) 『中国青年報』2006年12月18日付。
19) 『北京週報』2005年№11。
20) 『東方早報』2006年9月19日付。

コラム

学校選択費

　中国では教育政策の重要な一環として今日に至るまで重点学校政策が実施されています。重点学校には教師，生徒，教育経費，施設・設備などの教育資源が十分に確保され，このため重点学校と一般学校との格差が大きいのです。特に大学進学に有利とされる重点学校の存在により，学校によって生徒の進学アスピレーションが大きく異なっています。

　政府からの教育費配分を見ると，「一般経費」の支給において重点学校と普通学校は，それほどの違いがありません。しかし，重点学校に対しては，一般学校にはない「付加経費」が支給されています。教育資源の充実が生徒の高等学校選択のもっとも重要な理由となっています。「重点学校志向」は学校選択の特徴であり，進学アスピレーションの形成の初期段階です。また，一般高等学校では，重点高等学校へ転校したい生徒がかなり多いようです。

　一方，高等学校に対する政府の財政投入は全般的に不足しているのも現状です。そのため，ほとんどの高等学校は自費生徒と「択校生（学校を選択した生徒）」から高額の授業料および雑費などを徴収することにより，学校運営を賄っています。択校生に課せられる寄付金をも含めた授業料（択校費）は，公費生徒あるいは自費生徒の授業料に比べ，破格の金額となっています。例えば，遼寧省瀋陽市高等学校の場合，3年間の授業料として省重点高校・市重点高校・一般高校では，公費生徒はいずれも1,600～1,800元ですが，択校生となると，それぞれ3万元，2万4,000元，1万8,000元に引き上げられ，なんと11倍から19倍の差があります。

　また，広州市が定めた高校択校費の基準では，省・市級普通高校および国家級職業高校は4万元，一般普通高校と一般職業高校は2万3,000元，省・市級職業高校は3万1,000元となります。入学時には3年間の択校費を一括して納付します。択校生の授業料による学校間格差は，主管政府の違いによる重点高等学校間の格差として顕著であると同時に，それは制度としても認められたものです。択校生制度は「乱収費（経費違法徴収）」を防ぐために作られた制度ですが，その効果がほとんど現れていません。自費生徒と択校生から徴収した金は高校の手元に40％を残したほか，市教育局に20％，区教育委員会に40％を上納しなければならないという仕組みです。手元に残る40％は学校側が自由に使えることになっています。学校教育の質が均一でないため，多くの親は金がかかっても子どもをより良い学校で学ばせたいと考えています。

　こうした学校選択の風潮は，表面的には学校の高い進学率を求めているように見えますが，実際にはより質の高い教育資源を求めているのです。多くの地方政府は看板とするモデル学校を作るために，ますます優秀な教師と豊富な資金を一部の重点学校へ重点的に投下しています。

第5章　高齢化の進展と老人扶養意識の変化

１　急進する人口高齢化

（１）　人口高齢化の趨勢

　悲願のオリンピック開催まで後わずか。経済優先から真の経済発展を図る中国では，20世紀末の時点で総人口に占める60歳以上の高齢者の比率は10％を上回りました。つまり，人口の年齢構造において，中国はすでに高齢化社会に突入しました。そして新しい世紀に入ってから，一人っ子政策等の影響で高齢化は先進国を上回るスピードで加速しています。2005年末には60歳以上の高齢者は１億4,400万人を超えました。中国は世界最大の発展途上国として，高齢者福祉をどう促進していくか，また，高齢者の合法的権益をどう保障していくかが現在直面している大きな課題だと言えます。

　2006年２月，全国高齢者事業委員会が『中国高齢化発展趨勢予測研究報告』を題とする報告書を発表しました。それによると，現在すでに21の省・自治区・直轄市が高齢化社会に突入しました。1982年第３回人口センサスから2004年までの22年間，60歳以上の高齢者人口は平均して毎年302万人増加し，年平均増加率は2.85％です。それは総人口の平均増加率より1.17％上回っています。2004年末，全国60歳以上の高齢者人口は１億4,300万人に達し，総人口の10.97％を占めています。高齢化率が全国平均を超えた省・直轄市は上海市（18.48％），天津市（13.75％），江蘇省（13.75％），北京市（13.66％），浙江省（13.18％），重慶市（12.84％），遼寧省（12.59％），山東省（12.31％），四川省（11.59％），湖南省（11.51％）と安徽省（11.18％）など，11の地域に達しました。

　こうした急速な高齢化は，中国の経済，社会，政治と文化などに深刻な影響を与えています。膨大な数の高齢者は医療，年金と社会サービスに対するニーズがますます高まり，とりわけ年金給付の負担がさらに重くなります。2004年，全国の都市労働者の基本養老保険（年金保険）は総額3,502億元を給付しました。

それは2000年に比べて65.5％も増加したのです。中央政府の財政が基本養老保険に対する補助支出も上昇し，定年退職・離職休養の費用がここ数年急増しています。政府，企業および社会全体が養老保障から受けている圧力は顕著に増大していると言えます。

ほかに国民医療費の支出も増えています。2004年，全国の都市労働者の基本医療保険基金の支出は682億元に達し，基金収入の75.5％を占めており，前年度より31.6％増です。基金支出の増加速度は基金収入の増加速度より3.5％高くなっています。その主な原因は，やはり高齢化の進展によるものと思われます。

一方，高齢者の社会サービスに対するニーズが高まっています。現在，中国は伝統社会から現代社会への過渡期にあり，家族の高齢者扶養機能が弱体化しています。対して，高齢者向けの社会サービスが著しく立ち遅れており，とりわけ空巣家庭[1]のニーズに対応しきれない状態にあります。高齢者施設のベッド数は全国で120万5,000床，平均して高齢者1,000人当たりわずか8.6床しかありません。先進国の50～70床と比較すると，その差は歴然です。その他，生活のケア，精神面のケアなどもサービスの提供が遅れています。

都市部と比べて，農村地域の高齢化はより大きい圧力がかかっています。2000年に農村の高齢者は8,557万人で，高齢者人口の65.82％を占めます。その高齢化率は都市部より1.24％高くなっています。中国社会は1949年以降，都市戸籍と農村戸籍による二重構造になっています。社会保障制度も農村部と都市部によって大きく違います。農村住民をカバーする社会保障制度がいまだに整備されていません。新型農村合作医療制度は，現在試験的に施行されている段階です。高齢化の進展によって農村地域における年金，医療などの問題は都市部より深刻です。内陸にある西部地域や貧困地域は状況がさらに厳しい状況です。

このように，21世紀の中国は高齢化の課題を避けて通れないと言えます。前述の『中国高齢化発展趨勢予測研究報告』によると，2001年から2100年まで，中国の高齢化は以下の3段階に分けて推移していくだろうと予測されます。

1） 高齢化が高速に進展する段階（2001～2020年）

この間，毎年596万人もの60歳以上の高齢者が増え，高齢者の年平均増加率は3.28％に達します。それは総人口増加率を0.66％上回ります。2020年，高齢者は2億4,800万人，高齢化率は17.17％に達します。高齢者のうち，80歳以上は3,067万人で，高齢者人口の12.37％を占めます。

図表5-1　年齢別人口数の推移と将来推計（単位：億人，％）

年	総人口	60歳以上		65歳以上		80歳以上		0～14歳	15～59歳
		人数	割合	人数	割合	人数	割合	割合	割合
2000	12.74	1.29	10.1	0.88	6.9	0.11		24.7	65.2
2005	13.18	1.47	11.1	1.03	7.8	0.16		20.6	68.3
2010	13.61	1.73	12.7	1.15	8.5	0.21		19.0	68.3
2015	14.04	2.13	15.2	1.36	9.7	0.25		18.9	66.0
2020	14.33	2.43	17.0	1.71	11.9	0.28		18.6	64.4
2025	14.45	2.91	20.2	1.95	13.5	0.31		17.6	62.3
2030	14.44	3.48	24.1	2.36	16.3	0.39		15.9	60.0
2035	14.39	3.87	26.9	2.83	19.7	0.53		15.0	58.1
2040	14.29	3.98	27.8	3.14	21.9	0.59		15.1	57.0
2045	14.08	4.08	29.0	3.16	22.5	0.75		15.5	55.5
2050	13.73	4.30	31.3	3.18	23.2	0.90		15.4	53.3
2055	13.38	4.31	32.2	3.42	25.5	1.00		14.7	53.0
2060	13.00	4.19	32.2	3.39	26.1	0.93		14.4	53.4
2065	12.62	3.99	31.7	3.24	25.7	0.91		14.7	53.7
2070	12.29	3.92	31.9	3.12	25.4	1.06		15.1	53.1
2075	11.95	3.93	32.9	3.07	25.7	1.05		15.0	52.0
2080	11.63	3.91	33.6	3.12	26.9	1.01		14.7	51.7
2085	11.29	3.77	33.4	3.08	27.3	0.93		14.5	52.1
2090	11.04	3.68	33.3	3.03	27.4	0.97		14.5	52.2
2095	10.80	3.63	33.6	2.95	27.3	1.06		14.7	51.7
2100	10.51	3.60	34.3	2.89	27.5	1.09		14.7	51.1

出所：杜鵬・陳衛・翟振武「中国人口老齢化百年発展趨勢」『人口研究』2005年第29期より作成。

2） 高齢化が加速する段階（2021～2050年）

1960年代から1970年代半ばまで新中国建国後第2次ベビーブームに生まれた世代が高齢期に入ります。高齢者の数は加速度的に増え，年平均620万人も増加します。それと同時に，総人口がマイナス増加に転じて，高齢化が一段と進みます。2023年には高齢人口と年少人口はその数が等しくなります。2050年には高齢人口が4億人を超えて高齢化率は30％に達します。そのうち，80歳以上の高齢人口は9,448万人になって高齢人口の21.78％を占めます。

3） 高齢化がピークに達する段階（2051～2100年）

2051年には，高齢者の数がピークに達して4億3,700万人になります。これは年少人口の2倍です。また，この間の高齢化率は31％前後を維持します。一方，80歳以上の高齢者が高齢人口の25～30％を占めるようになります（図表5-1）。

図表5-2　高齢化速度の国際比較

国	65歳以上人口比率の到達年次		所要年数
	7％	14％	
中国	2000年	2027年	27年
日本	1970年	1994年	24年
アメリカ	1945年	2014年	69年
イギリス	1930年	1976年	46年
ドイツ	1930年	1972年	42年
フランス	1865年	1979年	114年
スウェーデン	1890年	1972年	82年

出所：福祉士養成講座編集委員会編『老人福祉論』中央法規出版、2005年、235頁、姜向群「中韓両国人口老齢化及其老年人口問題的比較分析」『人口学刊』2003年第6期より作成。

（2）　人口高齢化の特徴

中国の人口高齢化は以下の特徴があります。

1）　高齢者人口の規模が大きい

以上に見たように，2004年，60歳以上の高齢者は1億4,300万人です。それは2014年には2億人，2026年には3億人，2037年には4億人へと急速に増えていき，やがて2051年にはピークに達する見込みです。国連の予測では，21世紀の前半まで中国は世界で高齢者のもっとも多い国で，世界高齢者人口の5分の1を占めます。21世紀の後半に入っても，中国は依然としてインドに次ぐ2番目の高齢者人口大国です。

2）　高齢化のスピードが速い

65歳以上の高齢者が総人口に占める割合は，7％から14％になるまで要する時間を見ると，日本以外の先進国は通常40年以上かかりました。一方，中国の場合はおよそ27年しかかかりません。中国の高齢化のスピードは非常に速いと言えます（図表5-2）。

3）　地域間の差が大きい

中国の人口高齢化は明らかに西低東高の特徴があります。つまり，経済的に進んでいる東部沿海地域は，経済的に遅れている西部地域より高齢化率が高いということです。例えば，上海は1979年にいち早く高齢化社会に突入しましたが，西北にある寧夏回族自治区は2012年に高齢化社会に入る見通しです。両者

の開きは33年もあります。また，都市部と農村部の間にも高齢化の差が存在します。農村部の高齢化率は都市部より1.24％高く，これは2040年まで続く見通しです。ところが21世紀の後半に入ると，都市部の高齢化率は，また農村部と逆転します。

4） 高齢化は近代化より先行している

中国の高齢化は低い経済レベルで，社会保障制度の整備が未完成の段階で急速に進むという事情があります。先進国は「先富後老」，つまり，近代化が実現できた段階で先に豊かになってから高齢化社会を迎えましたが，中国は「未富先老」，つまり，経済が進んでいない状況で高齢化社会入りしました。例えば，60歳以上の高齢者の割合が10％に達した際，1人当たりの国民総生産は780ドルにすぎませんでしたが，韓国は8,490ドル，チリは4,740ドルでした。

5） 高齢者のうち女性が男性より多い

現在，中国の高齢者のうち，女性は男性より464万人も多いのです。それは2049年にピークを迎え，2,645万人多くなります。21世紀の後半に入った後も，およそ1,700万～1,900万人多いのです。また，そのうち，80歳以上の女性高齢者は50～70％を占めます。

6） 家族の高齢者扶養機能が弱体化している

都市化と核家族化の進展によって，伝統的な家族の扶養機能が弱まってきました。従来のように家族による私的な介護などが期待できなくなりました。高齢者，中でも特に後期高齢者の福祉サービスに対するニーズが高まってきているので，社会福祉事業の推進がより一層求められるようになりました。

2 高齢者福祉事業の発展と問題点

(1) 高齢者福祉事業の展開

中国における高齢者福祉事業は，1949年，新中国が成立してから政府と共産党の指導の下で発展してきました。そしてその展開は以下のプロセスをたどってきました。

1） 草創期（1949～1965年）

新中国建国後，1949年から1955年の間，政府の民政部門はいわゆる旧社会の[2]慈善団体と救済機関を接収すると同時に，養老院と生産教養院を数多く作り，

数十万人の「三無」関係者を入所させました。そのうち，生産教養院は一人暮らしの高齢者を入所させる救貧型福祉施設です。

　1956年，当時中央省庁の一つである内務部（民政部の前身）は都市部の「残老院（障害者・高齢者）」と児童教養院の業務改善通達によって，高齢者と児童を収容する施設を生産教養院から分離させました。そして，単独に残老院と児童教養院をそれぞれ設立しました。それはつまり，明確に独立の福祉施設として位置づけられたのです。当時の統計によると，1956年，施設に入所した高齢者は5万3,000人に上りました。1959年，湖北省で開催された現場会議では，各種福祉事業を行う機関は名称として「教養」という言葉を使わず，救済福祉事業に相応しい名称を使うことに決まりました。その時点で全国には残老院が379ヵ所，6万5,000人が入所していました。その後，それらは社会福利院または養老院と改称されました。1964年，全国には社会福利院が733ヵ所あって，およそ7万9,000人の入所者がいました。入所者もこの時期に段階によって少しずつ違いがありましたが，基本的に「三無」高齢者がそのメインでした。

　2）　後退期（1966～1976年）

　1966年から1976年まで，中国では史上前例の無い文化大革命が起こって，社会福祉事業も大きな影響を受けました。中央省庁の内務部も地方政府の民政部門も，すべて解体されました。それによって福祉施設も合併・廃止されました。

　1978年には民政部（日本の厚生労働省にあたる）がようやく復活されました。1978年の統計によると，社会福利院は全国でわずか577ヵ所（そのうち，児童福利院は49ヵ所，精神病院は102ヵ所），入所高齢者は3万8,457人で，前述した1964年の統計値と比較しても明らかに減少したことが分かりました。その間，多くの「三無」高齢者は路頭に迷う生活を余儀なくされていました。

　3）　回復・発展期（1977年～現在）

　1980年代には社会福祉事業関連の重要な会議が3回行われましたが，それらは，①1979年11月開催の全国都市部「社会救済福祉業務会議」，②1984年民政部が福建省漳州市で開催した「全国都市社会福祉事業機関改革活動経験交流会議」，および③1989年民政部が湖南省湘潭市で開催した「全国都市部社会福祉事業機関改革深化活動座談会」でした。

　①では，施設の管理運営において入所者の異常な死亡事故の防止，入所者殴打などの虐待，入所者の権利侵害および事故発生の防止などについて，福祉施

設の業務改善を命じたほか，専門職の養成を今後の方針としました。これまでは「三無」関係者を主要な入所者としていましたが，それを拡大して，共働き家庭で暮らす高齢者と定年退職した一人暮らしの高齢者が自費で入所できるようにするという政策が打ち出されました。

②では，今後の福祉サービス事業の展開にあたって，国，民間団体と個人の三者が共同で社会福祉事業を担っていくことを決めました。社会福祉サービス事業部門が社会の改革に応じて，施設サービスの3つの基本的な転換を実現するよう求められました。その3つの転換は，救済型から福祉型へ，収容型からリハビリ型へ，閉鎖型から開放型へと転換することです。

③では，主に各都市の社会福利院をコミュニティ・サービスセンターに変えていくこと，近代化の進展に相応しい新たな福祉施設を積極的に作って高齢者などにさまざまなサービスを提供することが議論されました。

高齢化の進展に伴って福祉のニーズが高まった1980年代後半からは，地域福祉政策が策定され，福祉サービスの改革が模索されるようなりました。こうした状況の中で，1986年12月，民政部主催の全国農村社会保障会議が開催されました。席上で当時の民政部長（大臣）が「今後，都市部においては従来の社会福祉事業システムの上に，さらにコミュニティ・サービスを提供する予定がある」と発言しました。1987年9月に民政部が武漢市で開催した第1回全国コミュニティ・サービス活動座談会は，コミュニティ・サービスに関する初めての専門会議となりました。

コミュニティ・サービスの主な内容は，高齢者，児童，障害者，貧困家庭，優遇措置対象者向けの貧困救済と福祉サービス，コミュニティの住民に提供する利便サービス，失業者向けの再就職サービスと社会保障の社会化サービスです。そのうち，高齢者向けのサービスは敬老院，託老所，老人アパート，老人大学，高齢者活動センター，老人包護組(ほうごそ)（高齢者の請負サービス），老人法律相談，心理カウンセリング，健康カウンセリングなどです。

1989年9月，全国都市部コミュニティ・サービス活動会議が民政部により杭州市で開催され，コミュニティ・サービスを全国で展開することが決定されました。1993年には民政部をはじめ財政部，労働部，全国老齢委員会など14の中央省庁が「コミュニティ・サービス事業の発展を速める意見」を全国に通達しました。2000年11月には，中央弁公庁と国務院弁公庁が民政部の「全国都市部

コミュニティ建設の推進に関する意見」を通達しました。

　他の動きとして，1983年には中国高齢者問題全国委員会が発足しました（1995年に中国高齢者協会に改称）。さらに1999年，共産党中央と国務院の許可を受けて，全国老齢活動委員会が立ち上がったのです。同委員会の主な責務は，①高齢者事業の発展戦略および重要政策を研究・制定し，関係部門と連携して高齢者事業発展計画を推進すること，②関係部門と連携し，高齢者権益保障事業を推進すること，③各省・自治区・直轄市の老齢事業を指導・監督すること，④国連および他の国際機関と連携して国内の高齢者関連事務を展開し，関係部門と連携して高齢者事業のマクロ的な指導と総合管理を強化するとともに，高齢者の心身の健康に役立つような活動を推進することです。民政部の中に事務室を置いている同委員会は，中央省庁から副大臣がメンバーになっています。

　中国の高齢者福祉事業は他の国と同様，法律を根拠に実施しています。憲法第45条では「国民は高齢化や疾病または労働能力を失った状況で，国と社会から物質的な補助を得る権利がある。国は国民がこれらの権利を享受するための社会保険，貧困救済および医療衛生事業を発展させなければならない」と規定しています。また，第49条では「親は未成年の子を扶養する義務がある。成人した子が親を援助し，扶養する義務がある」と規定しています。

　他に民法，民事訴訟法，刑法と相続法でも，高齢者が扶養される権利について規定しています。特に改革開放以降，高齢者に関する法整備，福祉政策の策定，高齢者健康管理および教育事業が行われてきました。また1996年制定の高齢者権益保障法では，社会保障や教育，社会参加，施設整備等の高齢化対応施策に関する基本的な考え方が規定されています。このうち，第10条では「老人扶養は主に家族に頼り，家族が老人に関心を寄せ，家族が老人の世話をしなければならない」と明記しています。これらは，改革開放以降，市場経済の進行および一人っ子政策の実施により，核家族化が進み，家族関係が従来に比して希薄になりつつあるため，社会と経済の状況に基づいた家族扶養のあり方が再確認されたものと見られます。その他，図表5–3のように，政府の関係部門が一連の条例，要綱と計画などを制定してきました。

　現在，高齢者に提供されるサービスは主に施設サービスと在宅サービスです。都市部において入所型では主に高齢者の社会福利院と養老院または老人院（日本の特別養護老人ホームに当たる），老年アパート（日本の軽費老人ホームに当たる），

図表5-3　高齢者福祉事業の関連法規等

年月	名称
1994年1月	農村五保戸扶養活動条例
1994年12月	高齢者事業7年発展綱要（1994～2000年）
1997年3月	農村敬老院管理暫定方法
1999年5月	老人建築設計規範
1999年12月	社会福祉機関管理暫定方法
2000年2月	社会福祉事業の社会化に関する意見
2000年8月	高齢者事業の強化に関する決定
2001年2月	老人社会福祉機関基本規範
2001年5月	コミュニティ老人福祉サービス「星光計画」実施案
2001年8月	第15次老齢事業発展5ヵ年計画綱要（2001～2005年）
2005年8月	介護事業発展計画綱要（2005～2010年）
2006年2月	養老サービス事業の加速発展に関する意見

出所：筆者作成。

利用型では老人サービスセンター，託老所（デイサービス）がありますが，前二者は都市部のコミュニティ・サービスに含まれるものです。農村部では敬老院があり，前述の「三無」老人が入所します。また，在宅サービスは前述のコミュニティ・サービスを中心に展開しています。

(2)　高齢者福祉事業の問題点

現段階では中国の高齢者福祉事業は以下の問題を抱えています。

①福祉サービスの供給は高齢化の進展に追いつかないため，とても不足した状態となっている

すでに述べたように経済の発展に伴って，高齢化と核家族化が急速に進み，農村の都市化も加速しており，福祉サービスに対するニーズがますます高まっています。しかし，現在提供できる福祉サービスの量と質が極めて限定的で，福祉施設の数も非常に少ないのが現状です。福祉施設に入所している高齢者は高齢者総人口の0.78％しかいません。先進国の5％にはほど遠いのが現状です。また，コミュニティ・サービスの中にもホームヘルパーや小規模入所施設（例えばディサービスなど）の数が非常に不足しています。

②高齢者福祉施設のサービスは内容が貧弱で，施設の入居率が低い

関連調査では，高齢者福祉施設のサービスは貧弱な内容しかなく，施設の立地，環境等の原因で入居率は75％程度にとどまっていることが分かります。中には入居率がわずか50％の施設もあります。一方，コミュニティ・サービスは人気が高いのですが，量が足りません。

③高齢者福祉サービスの対象が狭い

中国では，長い間実施してきた「三無」関係者を中心とし，その基本生活を保障する福祉サービスはすでに多元化した高齢者のニーズに対応しきれなくなり，高齢者扶養のあり方も家族扶養を中心とする私的扶養から社会的扶養へと変化しつつあります。しかし，家族扶養に頼って老後生活を送っているのが依然として圧倒的に多い現状では，今後如何にしてより広範にわたる高齢者層への福祉サービスを提供していくのかが，大きな課題となっています。

④高齢者福祉事業の地域格差が大きい

具体的には，沿海都と内陸部では高齢者福祉施設の資金投入，マンパワー，サービスの質などにおいて大きい格差が存在します。また，都市部と農村部の間にも大きな開きがあります。1949年以降，中国社会は独特の農村と都市の二重構造を作り上げてきました。都市部では，高齢者を含め住民は手厚い社会保障の給付を受けてきました。一方，農村部の住民は緊急時に限り，救貧・救済の対象になりますが，ほとんど社会保障のセフティ・ネットから漏れた存在になっています。今後，これらの格差を是正することも重要になってきます。

⑤高齢者福祉事業の計画経済体制からの未脱却

中国の高齢者福祉施設は9割以上が公立で，民間による施設の運営管理はごくわずかにとどまっています。多くの施設は，まだ計画経済時代の管理体制で運営されています。民間による施設作りは税制の優遇措置，土地の使用許可，諸費用の減免などにおいて制度的保障を受けられない限り，民政部が推進している「社会福祉の社会化」は思うように進まないでしょう。

⑥高齢者福祉事業に携わる人材の不足

中国では，高齢者施設をはじめ高齢者福祉事業に従事する職員が非常に不足しています。医師と看護職は専門職として確立していますが，ソーシャルワーカーや介護専門職などは，まだ専門職として確立されていません。大学でソーシャルワーク専門教育を受けた卒業生は現場に受け皿がないため，他業種への

移動を余儀なくされます。また，高等教育を受けた大学生自身は福祉施設などの現場で就職することに抵抗があり，結局，役所などの行政部門に流れる者が多いのが現状です。

③ 老親扶養の危機と大学生の扶養意識

（1） 啃老族[8]——中国版パラサイト

2006年3月1日付の新聞『老人報』では，「憂慮すべき老養小[9]の現象」というタイトルの記事が掲載されました。

広州市中山七路にある陳家祠堂には小さな練炭屋があります。数人の高齢者が三輪車でここから練炭の宅配サービスを行っています。記者が練炭屋を訪ねたら，ちょうど住み込みで働く年老いた62歳の丘世偉さんに出会いました。老人は広東省曲江県の出身で，店で臨時雇いとして仕事をしています。2005年に他界した彼の母親もかつて80歳過ぎまでこの店で働きました。

丘さんは母親のコネで練炭屋での仕事を得て15〜16年になりました。練炭の宅配は1個につき，たった0.02〜0.04元しか利益が出ません。毎日早起きして日が暮れるまで働かなければなりません。というのは，家にいる妻と25歳になる息子へ毎月1,000元の仕送りをしなければならないからです。丘さんの生活は都市では低層のレベルに属しますが，この状況は，息子への仕送りが要因となった結果だと言えます。

また，2006年2月27日付の『天津老年時報』は次のようなコラムを掲載しました。

四川省自貢市の70歳近くのおじいちゃんが家を出て，自分で部屋を借りることにしました。このおじいちゃんは子どものすねかじりに耐えられなくなり，出て行かざるを得ないと悲しく述べました。彼自身は定年退職した元幹部で，奥さんも定年退職者で年金が支給されています。2人の年金は合わせて月2,000元あまりですから，晩年の生活は保障されているはずです。ところで，この老夫婦には男女2人の子どもがいます。みんな結婚して，独立していますし，定職にも就いています。しかし，息子夫婦と娘夫婦の2家族，計6人が1日3食とも老夫婦の家で食事するにもかかわらず，食事代は1銭も出しません。これで老夫婦の生活はますます厳しくなる一方です。

以前はおじいちゃんが毎月年金の中から600元を奥さんに渡し、残りの600元を自分のために貯めていました。90歳の母親に200元の生活費を渡す以外、残りは全部自分で使えました。しかし、生活が厳しくなってから、奥さんからは毎月800元、900元、1,000元を出してほしいと求められるようになりました。最後には年金は１銭も残さず全部出せと言われた時、おじいちゃんはとうとう堪忍袋の緒が切れて、家を出てしまいました。

また、記事の中ではこんなケースも書かれています。66歳の杜さんは商売用の資金に充てるとの名目で、息子にすべての蓄えを奪われ、自分は糖尿病の治療費で悩む毎日を送っています。張さんの息子は孫の面倒を見てもらうと言って、母親を自宅に迎え入れましたが、残された64歳の張さんは１人で孤独に暮らしています。劉さんは娘の留学のために40万元を工面しましたが、借金返済のため、重い負担が自分の肩に重くのしかかっています。

以上の新聞記事で紹介したように、現在中国では日常生活のいたるところに啃老（こうろう）（高齢者のすねかじり）という現象が発生しています。親が倹約した生活で蓄えた貯金を子どもが平気で取り上げ、車や不動産の購入に充てるというような悪質なケースすらあります。現在、中国では都市、農村を問わず、老養小の現象は多く見られます。2006年１月13日付のインターネット『中国新聞網』には次のような報道がありました。

北京にある老齢科学研究センターと中国老齢科学研究センターの調査によると、65％以上の家庭で老養小の現象が存在します。約３割の人は生活費の一部または全部はその両親が負担しています。人々はこれらの者を三十不立族[10]、または啃老族（こうろうぞく）と皮肉っています。この啃老族は、ほかならぬ中国版パラサイトです。子どもたちは大体18歳から34歳の年齢層で、1970年代末期から1980年代初期にかけて、一人っ子政策が実施されてから最初の何年間に生まれた世代です。ある人はこの啃老族のことを、改革開放の旨みをたっぷり食って大きくなった世代とも呼んでいます。彼らは比較的強い法律意識、環境保護意識および平等意識を持っていますが、責任感が弱く、勤勉や節約の意識もかなり薄いようです。

計画出産政策が実施されて以来、一人っ子グループの周辺には、およそ６人の大人、つまり、父と母、父方と母方の祖父母がいます。彼らは幼少の時から至れり尽くせりの保護を受けてきました。ある意味では溺愛されたと言っても

過言ではない世代です。欲しい物はいつでも与えられますし，小遣いなどに困ったことがありません。親などから受けた過保護・甘えが度を過ぎて，いわゆる「小皇帝」的な存在になりました。

専門家は中国版パラサイトの発生原因を次のように指摘しました。
① これまで両親に頼り切ってきた若者は厳しい現実に直面することができず，結局，親のパラサイトになります。
② 一人っ子のため，小さい時から親などの溺愛を受けて，他人に対する依存意識が強く，自立精神が欠けています。中国では伝統的に「養児防老[11]」の意識が強いのですが，ここ数年，手塩をかけて子どもを育てて，自分の老後は子どもに頼るといった家族機能は徐々に崩壊し始めています。啃老族はまさに親の心も，自身の生存能力も，社会の期待もかじっていると言うべきでしょう。

（2） 老親扶養の危機

近年中国では，高齢人口の増加により，4：2：1構成[12]の家庭が激増しており，35％の家庭は4人の高齢者を扶養しなければなりません。都市部では49％の家庭が2～3人の高齢者を扶養しなければなりません。もし3代目も一人っ子の場合，3代目夫婦はもっとも多く12人の高齢者を扶養することになる可能性すらあります。一人っ子政策では将来的に労働力人口の減少を意味するので，世代間扶養で成り立つ年金財源の提供者（現役労働者）が減り，家庭における老親扶養危機の到来が現実味を帯びてきます[13]。

2007年4月に北京で開かれた中国第3回高齢者施設長フォーラムでは，近い将来の高齢者扶養に関して，専門家たちが憂慮の念を表しました。北京市老齢委員会の調査では，49.8％の若者は仕事が忙しいため高齢者の面倒を見ることができないと言います。一方，民政部門の統計によれば，全国で3,250万人の高齢者が長期的なケアが必要であるとの結果が分かりました。また，上海市では，寝たきりや入院中の老親を介護するために休暇を取ろうとしたら，企業からリストラされた従業員がいます。こうして中国では高齢者の介護はもはや単純に家庭的な問題（私的介護）ではなくなり，社会的な問題（社会的介護）になったことが言えるでしょう。

2006年1月，重慶市九龍坡区石坪橋街道在住の一人暮らし高齢者の唐貴芝さ

んは，急病のため家で転んでしまいました。2日経っても発見されず，ようやく訪ねてきた近所の友人に発見され，病院に搬送されましたが，すでに手遅れの状態でまもなく死亡しました。このような空巣家庭での悲劇は，これからますます増えていくでしょう。民政部門のまとめによると，北京と上海の高齢者世帯では空巣家庭が占める割合はそれぞれ34%，36.8%で，中では北京の安徳里社区（コミュニティ）が55.63%，瀋陽市鉄西区康寧社区と太原市錦綉園社区が73.18%と71%に達しています。今後，いかにして高齢者独居世代を援助していくかが喫緊の課題です。

　他に，高齢者の認知症問題も中国では露呈しつつあります。日本の厚生労働省による1992年の試算では，在宅における認知症高齢者の性別・年齢5歳別出現率は65～69歳では1.1%，70～74歳では2.7%，75～79歳では5.2%，80歳～84歳では11%，85歳以上では20.9%と年齢が上昇するごとに高くなって，特に老年後期に極めて高くなる傾向があります。[14] 一方，中国では，2030年に80歳以上の高齢者の中には，およそ30%が認知症にかかるのではないかと予測されています。

　4：2：1家庭，空巣家庭における認知症高齢者に関わる高齢者のケアにおいて，その解決策の一つは高齢者が施設に入所することです。しかし，中国では高齢者施設が圧倒的に不足しています。前述したように，現在高齢者施設のベッド数はおよそ高齢者人口の0.84%，1,000人当たり8床の割合です。2006年末の時点で，全国で都市部と農村部の施設にはそれぞれ41万9,000床と89万5,000床しかないから，1億4,000万人にも及ぶ60歳以上の高齢者のニーズには到底応えられません。

　一方，近年中国の高齢者施設では，なかなか理解しがたい現象も起きています。都市部においては，老人公寓（日本の軽費老人ホームに相当）は高級ホテル並み，または高級ホテル以上の造りで，高級化を売りにしているところが多いです。定年退職者の年金をはるかに上回った費用で入所者を募集しているため，ニーズがあっても経済的な理由で断念せざるを得ない高齢者が多いのです。逆に健康的で入所する必要が無く，しかも経済的に恵まれた高齢者が入所しています。これはいわゆる「政府建不起，老人住不起」[15]というおかしな現象です。

第5章　高齢化の進展と老人扶養意識の変化

高級ホテル並みの高齢者施設　　　　　　高齢者施設内の設備

（3）　大学生の老親扶養意識

　では，今の若い世代は親の扶養についてどんな意識を持っているのでしょうか。それを明らかにするために，筆者は，近い将来高齢者の介護等を担う世代である大学生を対象にアンケートを実施しました。

　現在の大学生は，一人っ子政策が実施されてから生まれた人たちです。20歳以上の大学生の老親扶養意識は，ある意味では中国の高齢化社会の行く末を左右していると言っても過言ではありません。また，大学生は中国社会のエリートですので，この階層の扶養意識は社会全体に大きな影響を与えていることも言うまでもありません。今回の調査は，2007年3月に沿海の江蘇省にある蘇州大学で実施しました。対象者は178人（男性74人，女性104人）の1〜3年生です。そのうち，一人っ子は61.6％を占め，都市戸籍は6割を超えました。ここでは紙幅の関係で単純集計した結果の一部を取り上げて紹介します。

　1．同別居意識

　Q　あなたは子どもが結婚後，親との同居をどう思いますか。

　結婚後，親との同居について，①「できるかぎり別居するのが良い」と回答したのは6％，②「できるかぎり一緒に暮らすのが良い」は19.7％，③「親が元気なうちは別居し，親の身体が弱ったら一緒に暮らすのが良い」は20.8％，④「常に行き来できれば別居しても良い」と答えたのは48.9％，⑤「その他」は3.4％となっています。以上の回答から明らかに別居意識が強いと言えるでしょう。また，親と同居すると考える人に同居の理由について訪ねたところ，「同居するのが子として当然のつとめだから」との回答はわずか4.5％しかありませんでした。

Q　あなた自身は将来親と同居するつもりですか。
　この質問に対し，①「はい」，②「いいえ」と③「まだ分からない」の回答は，それぞれ30.3％，21.9％と47.8％の順になって，同居よりは別居と未定の回答者が多く，伝統的な家族介護はすでに成り立たなくなりつつあるという結果を得ました。
　2．老親扶養について
　Q　親は年をとれば，あなたは経済的に扶養しますか。
　この問いに，①「親が老齢になって，子供が扶養するのは当然」と答えた人は94.4％で，子供が親を経済的に扶養することは今も一般的な状況です。特に社会保障が整備されていない中で，私的な経済的な扶養は当面せざるを得ないでしょう。②「経済的に十分な余裕がなければ子供が扶養しないのもやむを得ない」と③「養老金など社会保障によって社会が扶養すべきだ」を選んだ学生は2.8％と0.6％で，④「その他」は2.2％です。全体的に見れば社会的扶養がまだ少ない状況です。
　Q　親が年をとれば，その日常生活の世話は誰がするのが良いでしょうか。
　年老いた親の世話について，①「子供が世話をするのが当然」との回答したのは23.6％です。②「子供と社会（例えば，ホームヘルパーの派遣）の両者で世話をするのが適当である」，③「主として子供がするが，子供の力の及ばない時は社会が世話をするのが適当である」，④「主として社会が世話をし，社会の力が及ばないところを子供が世話するのが適当である」と⑥「その他」の答えは，それぞれ27.5％，46.1％，1.7％と1.1％で，⑤「すべて社会が世話をすべきである」を選んだ学生はいませんでした。
　これらの回答から，親の日常生活の世話は子供と社会の両方が担うべきであるとの考えが読み取れます。いずれにしても，将来的に高齢者の扶養は私的扶養から私的扶養と社会的扶養の並行へと変わっていくことになるでしょう。
　Q　あなたは年老いた親が施設に入所することについてどう考えていますか。
　これについて，①「家庭での介護が無理だから，そうせざるを得ない」，②「できるだけこういう事態を避けたい」，③「親不孝である」と④「よく分からない」の答えは，それぞれ22.5％，62.9％，7.3％，7.3％となっています。今まで親を施設に入れない慣習から仕方なく入所させる選択が増えている一方で，できるだけ入所の事態を避けたいとの考えを持っている学生も相当います。ま

た，親が施設に入所することを親不孝と思っている学生もいます。

3．行政への要望と高齢化問題への関心について

Q　あなたは高齢者福祉サービスについて政府の行政に対してどんな要望がありますか。

これに対し，①「在宅サービスを充実させるべきである」との答えがもっとも多く，69.7%を占めます。次に②「高齢者施設をもっと増やすべきである」と回答した学生は23%となっています。③「施設と在宅のサービスを充実させるべきである」，④「今のままで良い」と⑤「特に無い」の答えはそれぞれ1.7%，3.9%と1.7%です。学生の選択からも分かるように，在宅サービスの充実と施設数の増加は今後行政の取り組むべき課題となっています。

Q　あなたは高齢化問題に関心がありますか。

回答では，①「非常に関心がある」と②「少し関心がある」の回答は21.9%と47.2%と，関心の高さがうかがえます。

Q　予測では60歳以上の高齢人口が総人口に占める割合は，2020年に17%，2050年に30%に達します。あなたはそれを知っていますか。

①「知っている」と②「あまりよく知らない」の回答は19.7%と52.8%を占め，7割近くの学生は中国の高齢化の深刻さを一応知っています。③「知らない」と④「全然知らない」の答えは20.8%と6.7%となりました。

Q　あなたは中国の高齢化問題をどう思いますか。

この質問の答えには①「相当深刻である」は59%で，②「中国は国土が広いから老人が増えてもあまり問題はないでしょう」と③「全然問題は無い」は7.3%，1.1%で，④「よく分からない」は0.6%でした。

以上見たように，高齢化の進展，一人っ子をはじめとする若者の意識変化などにより，中国では高齢者扶養の危機がすでに訪れています。近い将来，一人っ子世代の親世代の一部もやがて高齢期に入り，寝たきりや認知症など要介護状態になっていきます。それに備えるため，現在から政府の取り組みが必要です。中には施設サービスと在宅サービスの整備が特に重要です。そして何と言っても，社会保障制度の整備が喫緊の課題となるでしょう。

注

1) 「空巣」はエンプティーネストのこと。つまり、子どもが親元を離れ、家から巣立っていたため、親だけが家に残ることです。
2) 中国では1949年以前を「旧社会」と呼びます。
3) 主に身寄りが無い、経済収入が無い、労働能力が無い人を指します。
4) 「残」は障害者、「老」は高齢者のことです。障害者と高齢者が入所する施設です。
5) 陶立群主編『中国老年人社会福利』中国社会出版社、1996年、113頁。
6) 陶立群主編　前掲書、211頁。
7) 政府だけではなく、民間等による福祉サービスへの参入を認め勧めることです。
8) 「啃」はかじること、「老」は年寄りを意味します。啃老族は、年老いた親のすねをかじるパラサイトのことです。
9) お年寄り（両親）が子どもを扶養する現象です。
10) 30歳になっても自立しないという意味。孔子の『論語』にある「三十而立（三十にして立つ）」という言葉をもじった言い方です。
11) 老後に備えるため、子孫を増やすという意味です。
12) 現在、中国の家族構成は典型的な三世代世帯です。真ん中の2は夫婦2人を指し、4は夫婦双方の親です。1は一人っ子です（もちろん、子ども2人の家庭もあります）。
13) 『中国青年報』2007年4月21日付。
14) 厚生労働省大臣官房統計情報部『平成16年国民生活基礎調査』。
15) このような高級施設は、政府は建てるための資金拠出ができず、高齢者は住みたくても経済的な理由で住めない、という意味です。

第 5 章　高齢化の進展と老人扶養意識の変化

コラム

月光族

　ここでの「月」は毎月，「光」はきれいさっぱり，何も残らないという意味です。月光族とは，毎月の給料を一銭も残さず，きれいに使い果たしてしまうような若者です。
　この言葉は，最近中国の一部の若者を形容するのによく使われるようになったのです。月光族のスローガンは「どんなに稼いでも全部使え」とのことです。稼ぎはそんなに多くないのですが，貯金する習慣もありません。その中には，社会人になったばかりの一人っ子が数多くいます。彼らは学歴が高く，能力もあります。これまでの世代は「稼げる人より節約できる人の方が良い」との考えを持っている人が多いのですが，月光族の場合，「よくお金を使う人がよく稼げる」との格言を持っています。
　北京の名門大学出身の李さんは，会社に勤めだしてから2年経ちました。毎月の給料は3,500元ありますが，家賃，光熱費，水道料金などの支出のほか，友達と外食をしたり，服を買ったりします。毎月月末になると，お金が底を突いて懐が寒くなります。すると，親から借りたお金で凌ぎます。もちろん貯金はゼロです。月光族は，またクレジットカードの消費者でもあります。強い消費欲に駆られて常に前借して暮らしをつないでいます。グローバル化，インターネットの普及などによって海外からの最新情報がどんどん入ってきます。ファッションなど流行への追求も月光族を生んだ理由になります。「明日のお金と親のお金を使って今日の生活を楽しむ」というのが，この人々の特徴です。
　月光族の消費スタイルはこれまでの若い世代に見られないので，必ずしもプラス的に評価されていませんが，中国社会の近年の変化を反映し，近い将来の消費動向の一部を左右することになるでしょう。
　月光族の多くは1980年以降の生まれで，その頃は中国文化大革命が終結し，改革開放政策が実施されはじめる初期の段階にあたります。この世代を，中国ではポスト80という言い方をすることもあります。この世代は一人っ子が多く，これまでの世代に比べ物資が豊かな環境の中で，経済が右肩上がりの安定した時代に育ったため，苦労を知らない世代だと言われています。心理的には非常にもろく，自立心も欠けています。政治には無関心で，思想的には比較的独立しており，反逆的で自己表現をしたがる一面もあります。新しいものに対し，どんどん受け入れ，日本のテレビドラマ，アニメ，韓国のテレビドラマなどが好きで，インターネットも駆使できます。現在は中国社会の主流になっていませんが，この世代は近い将来，中国社会の中産階級の中堅になるに違いありません。中国社会は転換期にさしかかっていく中，この世代の生活様式や価値観などが多元化していくでしょう。

第6章 都市部年金保険制度の形成と改革

① 計画経済期の年金保険制度

（1） 制度の創設

　1949年から1980年代半ばまで計画経済の下で行われていた年金保険制度は，就業・生活保障の一部でした。ここで言う就業・生活保障という言葉は筆者による造語です。計画経済期の社会保障制度は，失業させないという社会主義社会の土台の上で実行されたものであり，賃金水準が低いが社会保障に必要な費用はすべて国家の財政資金によって賄われ，企業従業員による負担が無いという特徴があります。いわば政府は低賃金・高就業の雇用制度を設け，国民の大部分に職を与え，職の提供を通じて彼らの現役と引退後の生活を保障します。筆者はそのような社会保障制度を就業・生活保障と呼ぶべきではないかと考えます。

　1980年代半ばから年金改革が始まり，1997年に新制度が創設されました。今日では，計画経済期に形成された年金保険制度の公務員・事業体職員の部分が存続しているものの，企業従業員を対象とする基本年金保険制度が主要な制度になっています。中国の年金保険制度は労働保険条例に基づき，創設されたものです。同条例は1951年に政務院の決定によって公布されたものですが，年金保険だけではなく，すべての社会保険制度の法律根拠となっています。社会保険制度を立ち上げた当時，年金保険料率は従業員賃金総額の3％に決められ，その70％が企業内部にある労働組合に留保され，該当企業の年金財源とされました。残りの30％は，全国労働組合委員会に上納し，調整基金として使われていました。

　年金保険料の徴収が従業員の賃金総額に基づいており，加入者による保険料負担の仕組みになっているように考えられますが,実際には,年金改革が始まった1980年代後半までの年金保険制度に必要な費用（保険料）が，すべて政府か

ら提供した生産資金から事前に控除されていたので，政府の財政資金で賄われていたとみなすことができます。計画経済期におけるこのような保険料徴収方法は，日本をはじめとした先進諸国における労使共同で保険料を負担するという方法と大きく異なっています。

年金給付を受け取る条件として，退職年齢と勤続年数は次のように定められています。男性の場合は，満60歳以上の者で，勤続年数が25年，最終勤務先での勤続年数が10年以上としています。女性の場合は，50歳以上の者で，勤続年数が20年，最終勤務先での勤続年数が10年以上としています（労働保険条例第16条）。後に1953年の改正によって，退職年齢は男女とも5年間短縮され，最終勤務先での勤続年数も10年から5年に引き下げられました。また特殊業種の場合には，退職年齢は5年早くなることが認められています。つまり1953年以降，一定の条件を満たすならば，男性が50歳，女性が40歳から年金を受け取ることができるようになりました。このような特例は1990年代の国有企業リストラに濫用されていました。

年金給付について，1951年の労働保険条例は給付額が従前本人標準賃金の35～60％としていました。その割合は勤続年数によって異なります。年金給付は当該者の死亡まで支給されます。1953年の改正は，年金の代替率を50％から70％に引き上げました。具体的に言えば，最終勤務先での勤続年数が5年以上10年未満の者は50％，10年以上15年未満の者は60％，15年以上の者は70％としました（1953年労働保険条例実施細則（修正草案）第7章第26条）。

企業従業員に対する年金保険のほかに，公務員および事業体職員に対する年金保険も存在していました。それは，1955年に公布された「公務員の定年退職に関する暫定方法」によって制定されたものです。企業従業員年金保険制度に比べて，公務員年金制度が4年も遅れた理由の一つとして，建国前に存在していた行政機関の職員に対する供給制（衣食住などを含む）が1955年まで続けられたことが挙げられます。供給制が賃金制度に取り替えられた後，公務員に対する年金保険制度が必要となりました。その財源は財政支出によって賄われます。

公務員年金の受給条件は，男性60歳以上，女性55歳以上，男女を問わず勤続年数15年以上となっています。企業従業員より公務員の方は退職年齢が5年遅れています。年金給付が勤続年数に依拠しているので，実際に公務員が受け取る年金は企業従業員より高い額となっています。

第6章　都市部年金保険制度の形成と改革

　　　市の社会保険局　　　　　　　　　　　社会保険局内の養老年金保険課

（2）　制度の発展

　1958年から1966年までは，年金保険制度が拡充された時期と言われています。1958年に国務院は「企業従業員，公務員と事業体職員の定年退職に関する暫定規定」を公布し，それによって，それまで分離していた2つの年金制度が統合されました。年金給付に関する基準も労働保険条例に統一されました。また，軍人に対する年金制度も1959年に創設されました。

　さらに，集団企業の従業員に対しては年金保険制度の適用が強化されました。1950年代初期には，集団企業は規模が小さく，企業数も多くありませんでした。当時の集団企業には労働契約を結ばない労働者が多く存在していたため，退職年齢の設定が統一されず，年金保険への加入も強制的ではありませんでした。

　1960年代初めころから，都市部の集団企業は次第に発展し，国有企業に次ぐ経済規模になりました。集団企業内において，長期労働契約を結ぶ労働者も大半を超えるようになりました。そのような状況の下で，長期労働契約を有する従業員に定年規則や年金保険制度も充実させなければならなくなりました。1966年には，「軽・手工業集団所有制企業従業員定年退職に関する暫定方法」が通達され，同業種の都市部の集団企業およびその従業員が年金保険の適用対象になりました。それ以降，都市部における他の産業の集団企業もそれを参考にして，年金保険制度に加入するようになりました。集団企業の退職者に給付する年金は労働保険より少なく，退職前の賃金の40〜65%にとどまっていました。[1]

（3）　制度の凍結

　年金保険を含む社会保険制度が軌道に乗り始めたところで，文化大革命が

1966年末から始まりました。それから1976年までの10年間，社会と経済は混乱状態に陥り，社会保険も停滞状況でした。その時期において，特に記しておきたいことは2つあります。

　1つは，労働雇用の全体を担当していた労働部が廃止され，労働保険業務を担当していた各労働組合の業務が停止されたこと（ともに1969年）です。そのような状況の中で，年金保険をはじめ社会保険におけるすべての業務が麻痺状態に陥りました。文化大革命に伴う年金保険の凍結は1970年代後半まで続きました。

　もう1つは財政部の通達により，1969年からそれまでに企業の労働保険基金から拠出してきた保険料が，企業の営業外支出になったということです。保険料は各企業の営業外支出から拠出するようになったとともに，全国労働組合への上納が無くなりました。そのことは年金保険にあった社会プールの機能が失われたことを意味します。

（4）　制度の再建

　1976年に文化大革命が終わり，社会と経済も徐々に正常な状態に戻りました。1978年，国務院により「企業従業員の定年退職および離職に関する暫定方法」と「高齢と病弱の幹部の配置に関する暫定方法」が公布されました。それによって，企業従業員と公務員および事業体職員の年金保険制度はそれぞれ再開され，1958年に統合された両制度はふたたび分離されるようになりました。

　その後，「古参幹部に対する離休制度の確立に関する決定」によって，一部の人に優遇的な年金制度が加えられました。このような一部の古参幹部に対する優遇的な年金制度は後に年金財政を圧迫する一因になりました。

（5）　制度の特徴

　計画経済期の年金保険制度は，計画経済体制およびそれに従属する一連の制度に制約され，次のような特徴を持っていました。

　第1の特徴は，重工業優先発展戦略にしたがい，都市部の国有・集団企業従業員と公務員を適用対象とした都市部雇用維持型職域保障のことです。建国当初から，農村労働者は年金保険制度から排除されました。それは建国初期の経済政策にしたがい，資本を都市部と重工業に集約させる意図があったからと考

えられます。

　第2の特徴は，低賃金・高就業の雇用制度と一体化した就業・生活保障型社会保障の中核のことです。この特徴は2つの側面があります。1つは，年金給付の計算方式に関することです。日本の老齢厚生年金給付の計算方式と比べ，計画経済期の年金給付の計算方式は非常にシンプルです。日本の場合には定額部分，報酬比例部分および加給年金額が含まれ，報酬比例部分の年金額は平均標準報酬月額×給付率×加入者期間の月数×物価スライド率となっています。中国の場合には，退職前の賃金に依拠するだけで，平均標準報酬月額というような重要な概念はありません。シンプルな年金給付計算方式の背景として，ほとんど賃上げしていなかった低賃金政策が考えられます。1950年から1970年代末までの賃金状況を調べてみますと，1952年の全国平均賃金を100とするならば，1977年に104，1978年に110.3にしか上昇していませんでした。政策的に賃金を一定水準に固定すれば，複雑な計算方式は不要となります。

　もう1つは高い代替率です。1950年代に年金給付の代替率は50～70％に設定されていましたが，改革開放前後になると，代替率は80％か90％に上りました。古参幹部や特殊な貢献をした一部の人に対して100％かそれ以上の年金給付を行っていました。ILOの基準である50％よりかなり高い代替率で行われてきた計画経済期の年金保険制度は低賃金の補完(引退後の生活保障)として，低賃金・高就業の雇用制度と一体化したと考えられます。そのぐらいの代替率がないと，低賃金・高就業の時代では労働者の引退生活を保障できなくなります。

　第3の特徴は，加入者に保険料拠出義務が無かったことです。企業は従業員賃金総額の3％を保険料として，企業内の労働組合とその全国組織に納めていました。加入者に保険料拠出を直接要求していなかったため，年金給付の受給権利としては拠出期間ではなく，一定の労働期間が求められていました。計画経済期の社会保障は就業保障と生活保障をセットにしていたので，勤続年数を受給条件としたように理解することもできます。加入者から保険料の拠出が無いことは先進諸国と異なり，社会主義国家の特徴であると言われています。

　第4の特徴は，賦課方式を採っていたことです。賦課方式とは，勤労世代から保険料を徴収し，それを財源として定年退職者に年金を支給するという財政方式です。当該年度に必要な財源は，その年の保険料で賄われます。公務員年金は，財政の年度予算に組み込まれていますが，労働保険の場合は企業の年度

県の社会保険事業管理局　　　　　　　　　　養老年金保険も扱う事務ホール

会計にある営業外支出に依存していました。いずれにしても，年金給付はその年度の保険料収入で賄うようになっていました。当時，人口構成が若かったことと，年金制度の適用が限定されていたため，賦課方式が成り立っていました。しかし，高齢化が進展すると事情が変わります。

第5の特徴は，年金財源が実際は政府財政資金で賄われていたことです。1969年以降，年金保険支出は企業の営業外支出で賄われるようになり，企業会計に組み入れられました。しかし，企業会計になったとはいえ，利潤上納する前に，賃金や保険料が政府財政資金で賄われていた生産資金から生み出された企業収益の中から控除されます。保険料などの控除を除いた企業収益は財政に上納されます。そのため，保険料は結局財政資金とみなすことができます。

2　年金保険制度改革への模索

（1）　制度改革の背景

1980年代半ばになると，改革開放政策の進展に伴い，従来の年金保険制度の問題が露呈し始めました。それに対応して，制度改革は地方において実験的に行われていました。1980年代後半，1991～1994年，1995～1997年の実験段階を経て，1997年7月に，「企業従業員の統一基本年金保険制度の確立に関する国務院の決定」が公布されました。それは，新たな都市部企業従業員基本年金保険制度の発足と位置づけられます。こうした制度改革の背景としては，適用の範囲，人口の高齢化，国有企業の赤字経営，重い財政負担といった問題が指摘されています。そのうち，政府や企業の財政状況，所有制構造や労働市場の変化，少子高齢化などは制度改革の外部要因にあたります。これらの要因につい

て，以下，解説していきます。
1） 財政制度改革による企業財政・政府財政の変遷

まず，企業側の財政状況を見てみます。財政制度改革，特に「利改税」と「抜改貸」という2つの改革[4]が国有企業に初めて負債という認識を持たせ，企業を行政関与から分離させました。それまでに，従業員賃金および社会保障・社会福祉の諸費用は生産コストの一部として生産資金から支給されていました。生産資金は財政支出で賄われていたため，企業には社会保険財政に対する危機感はありませんでした。しかし，財政制度改革以降，国有企業は100％の財政支援を受けられなくなり，自分で生産資金を調達しなければならなくなりました。それによって，企業はそれまでに担ってきた年金保険などの社会保険財源調達機能を見直し始めたのです。その結果，収益の良くない企業が年金給付を遅配したり，停止したりすることが多く発生するようになりました。市場メカニズムへの転換に対応し，企業は次第に本来の生産活動に戻ったが，従来の年金制度の財政方式の下で企業を取り巻く環境は明るくはありませんでした。企業からすれば，企業負担のみに頼る年金保険財政のあり方は改革されなければならなくなりました。

次に，政府の財政状況を見てみます。1980年代半ばから中央財政が収入と支出の両面において，地方財政を大きく下回るようになりました。中央財政規模の縮小，特に中央財政収入の激減は地方への移転支出が減少したことを意味します。そのような状況の中で，年金等の社会保険財源をすべて中央政府に頼ることは不可能です。また年金保険改革の後半になると，経済成長を維持し，東南沿海地域との格差を縮めるために，中央政府が西部大開発プロジェクトをスタートさせました。同プロジェクトの資金源はほとんど中央財政支出となっていました。それに，公共事業および国防などへの支出を加え，中央財政はかなり厳しい状態でした。そのため中央政府にとって，年金保険を含む社会保険への支出を拡大したくないというのが本音であったと思われます。

では，年金保険財源は地方政府に頼ることができるのか，答えは否です。中国では，地域によってその財政力が大きく異なっています。歴史の長い規模の大きい国有企業を抱えている地域では，地方財政はかなり困難な状況にありました。そのため地域によっては，地方財政による年金保険への支援が難しいです。以上のような状況の中で，中央政府であれ地方政府であれ，年金保険財政

に対する支援は制約されていました。そこで，年金保険制度は新たな財源負担先を必要としていました。

2） 国有企業の赤字拡大

国有企業の赤字拡大は，保険料の調達にさらなる困難をもたらしました。1990年代半ばから，その問題が顕著になりました。1996年に「国有企業全体として，赤字企業の赤字総額が，黒字企業の黒字総額を上回り，また，赤字国有企業は総企業数の過半数に達しました[5]」。もちろん，このような赤字国有企業では定年退職者に確実に年金を支払えるはずはありません。

一方，赤字国有企業は経営の効率化が求められました。それを達成するために，企業はリストラ策を打ち出しました。中高年者が対象となり，定年退職の年齢になった従業員はもちろんのこと，それより5歳から15歳も若い者も早期退職のターゲットにされました。こうして，企業のリストラ策は企業による従来の負担（賃金や各種の保険料）を年金制度に移行しました。しかし企業を赤字経営から脱却させようとすれば，年金など社会保険料の負担を軽くしなければなりません。そこで年金制度改革によって，新たな負担を確保する必要が求められました。

3） 労働市場の変化

市場経済化が進むにつれて，非国有経済が急速に成長しました。企業形態は従来の国有企業と集団企業だけの単純なものから，国有企業，集団企業，私営・個人企業，外資などを含むその他の企業などへと多様なものに変化しました。改革開放以降，非国有経済セクターの成長は著しいものがあります。就業面では，2002年末現在，従業員が7,000万人近く，国有企業に匹敵するような規模となっています。1978年から2002年までの間，都市部の非国有経済セクターはすべての新規雇用を提供しただけではなく，国有経済セクターにおける雇用の縮小分も補いました。

一方，農村部の郷鎮企業や私営・個人企業の成長も顕著です。2002年末現在，郷鎮企業の従業員数は1億3,288万人で，私営・個人企業の従業員数は3,885万人に増加しました。これらの企業は市場競争を通して，従来の国有経済セクターに集中していた第2次，第3次産業でかなりのシェアを占めるようになりました。非国有経済セクターはすでに国有経済セクターを超え，中国経済を支える新興勢力となっています。工業生産総額，財政収入に占める割合などの指標

からも，非国有経済の成長を見ることができます。1998年にはこれらの新興企業の全国工業生産総額に占めるシェアは合計で40％を上回るようになっており，国有企業に匹敵するようになりました。また，国家予算収入のうち，非国有経済による収入は1978年の13.2％から1993年の39.4％に上昇し，年平均1.8ポイントの割合で増えました。

市場経済移行期において，非国有経済セクターの成長は大量の就業機会を提供しているだけではなく，経済の持続的成長にも大いに貢献しています。こうした社会と経済への貢献度から考えると，非国有経済セクターが従来の年金保険制度に取り込まれていないことは，不平等のように思われます。すべての国民に社会保険に加入する権利を与えるという考えに従えば，非国有経済セクターおよびその従業員に年金保険を適用させるのは当然のことです。

一方，非国有経済セクターの中には，年金保険制度に取り込まれないことによって，生産コストが低く抑えられ，競争しやすくなると考えている企業もあります。しかし公平に競争し合う市場理念に従えば，国有企業であれ非国有企業であれ，年金保険制度に同様な対応をするべきです。政府から見れば，非国有経済セクターの経済力を借りて，年金等の社会保険に新たな財源を作り出す意図もあるだろうと考えられます。

4） 急速な人口高齢化

一人っ子政策の実施に伴い，中国では急速な人口高齢化が進んでいます。国家統計局が公布した『2001年国民経済と社会発展統計公報』によれば，2001年末，65歳以上の高齢者は9,062万人に達し，総人口に占める割合は7.1％となりました。また，『2004年国民経済と社会発展統計公報』によると，2004年末現在，65歳以上の高齢者は9,857万人に達し，高齢化率も7.6％に上昇しました。日本ではわずか24年で高齢化率が7％から14％に達したということは有名ですが，中国も26年という速いスピードで高齢社会に突入すると推定されています。

図表6-1によれば，中国では65歳以上の高齢者は2005年に1億人を突破し，その割合が7.6％になります。その後，2020年に1億6,935万人，11.9％に上昇します。さらに，2050年に約3億2,910万人，23.6％にまで急増していきます。23.6％というのは国民の4人に1人が65歳以上の高齢者であることを意味します。高齢者人口の急増は年金保険財政を圧迫しかねない問題です。実際，現役労働者対定年退職者（年金受給者）の比率がすでに著しく低下しています。図

図表6-1　中国の将来人口推計（国連中位推計）

年	人口数（万人）				年齢構成割合（％）		
	総人口数	0～14歳	15～64歳	65歳～	0～14歳	15～64歳	65歳～
1950	55,476	18,605	34,386	2,485	33.5	62.0	4.5
1955	60,901	22,596	35,494	2,811	37.1	58.3	4.6
1960	65,749	25,580	36,993	3,177	38.9	56.3	4.8
1965	72,919	29,299	40,414	3,206	40.2	55.4	4.4
1970	83,068	33,004	46,483	3,581	39.7	56.0	4.3
1975	92,781	36,638	52,060	4,083	39.5	56.1	4.4
1980	99,888	35,463	59,682	4,743	35.5	59.7	4.7
1985	107,018	32,428	69,042	5,548	30.3	64.5	5.2
1990	115,531	31,988	77,107	6,436	27.7	66.7	5.6
1995	121,933	32,241	82,274	7,418	26.4	67.5	6.1
2000	127,398	31,567	87,108	8,723	24.8	68.4	6.8
2005	131,584	28,177	93,406	10,002	21.4	71.0	7.6
2010	135,453	26,384	97,848	11,221	19.5	72.2	8.3
2015	139,298	25,834	100,121	13,344	18.5	71.9	9.6
2020	142,394	26,213	99,246	16,935	18.4	69.7	11.9
2025	144,143	25,847	98,569	19,727	17.9	68.4	13.7
2030	144,645	24,414	96,614	23,617	16.9	66.8	16.3
2035	144,297	22,979	92,818	28,500	15.9	64.3	19.8
2040	143,343	22,324	89,082	31,937	15.6	62.1	22.3
2045	141,693	22,172	86,930	32,591	15.6	61.4	23.0
2050	139,231	21,842	84,478	32,910	15.7	60.7	23.6

出所：United Nations, *The World Population Prospects. 1950-2050*, The 2004 Revision, http://esa.un.org/unpp/.

　表6-2が示しているように，定年退職者1人に対して現役労働者は1978年の30人から2002年の3人に急落しました。その比率は今後さらに低下していくでしょう。高齢者の急増によって，年金保険の負担がますます重くなることは誰の目から見ても明らかです。したがって，財源調達方法に対しては，適切な対応を求めています。

　こうした外部要因の他に，年金保険制度改革を促す内部要因もあります。例えば，それは賦課方式の財政方式，適用対象の範囲設定，担当省庁の多角化などです。これらの要因について，以下，解説します。

①賦課方式の財政方式

　賦課方式を成立させる重要な条件は，制度の裾野が十分に広いことです。つまり，定年退職者を支える現役労働者の数が著しく減少しないことと，定年退職者の数が著しく増加しないことです。計画経済期の年金保険は制度設計の際

図表6-2　全国定年退職者数対現役労働者数比の推移

年	定年退職者（万人）	対現役労働者比(%)
1978	314.0	1:30.0
1980	816.0	1:12.8
1985	1,637.0	1:7.5
1990	2,301.0	1:6.1
1995	3,094.1	1:4.8
2000	3,875.8	1:3.5
2001	4,017.7	1:3.2
2002	4,222.8	1:3.0

出所：各年の国家統計局人口和社会科技統計司・労働和社会保障部規劃財務司編『中国労働統計年鑑』中国統計出版社より作成。

に，加入者を都市労働者に限定したのです。外部環境が変わらなくても，時間が経つにつれて，制度は成熟すればするほど加入者の増加より受給者の増加が激しくなります。それに，国有経済セクターの衰退や少子高齢化の進展は賦課方式の欠点をさらに露呈させます。

②限定された加入者範囲

計画経済期の年金保険は，主に国有企業と都市部集団企業の従業員，公務員および事業体職員にしか適用されませんでした。調査によれば1978年と1991年，公務員および事業体職員と国有企業従業員の年金保険カバー率はいずれも100%でした。また都市部集団企業従業員のカバー率は1978年の70%に対し，1991年には86%まで上昇しました。しかし，それ以外の企業の従業員はいずれも0%でした。1991年，都市部の年金保険カバー率が92%であったのに対して，農村部では2.3%しかありませんでした[7]。こうした加入者に対する制限とは年金保険財政の不安定化をもたらしました。

③担当省庁の多角化

年金保険業務に関しては，労働部，人事部，財政部，民政部，中華全国総工会など5つの省庁が，それぞれ役割を持っています。多くの担当省庁が関わっているため，年金保険の資金調達や支払い業務に統一的な基準はありません。それを改善するために，改革によって担当省庁を一元化する必要がありました。

（2）制度改革の過程

都市部の経済改革の開始に伴い，年金保険の制度改革も1984年に一部の地域

で行われました。1986年，国務院は「国営企業に労働契約制を実施するための暫定規定」を公布し，従来の労働者配置制度を労働契約制に変えました。それと同時に，雇用側と労働者側が保険料を出し合うような年金保険制度改革をスタートさせました。年金財政において収入より支出の方が多くなる時に，財政支出より補填を行うことも決めました。これは，保険料三者負担の仕組みの始まりです。

1991年，国務院は「企業従業員年金保険制度改革に関する決定」を全国に通達し，労働部と人事部が都市部の制度改革，民政部が農村部の年金保険改革をそれぞれ担当すると決めました。1990年代初期に，代表的な改革として広東省深圳市で行われた個人口座と共済基金の実験が挙げられます。

1993年，共産党第14回党大会第3回中央総会で「社会主義市場経済体制の創設に関する諸問題に対する共産党中央の決定」が採択されました。その中で，多段階の社会保障体制を作り上げることが打ち出されたのです。年金保険において，社会プール機能を有する基礎年金口座と強制貯蓄機能を有する個人年金口座を結合させることが決められました。1990年代半ばに上海市で個人口座による有期給付の実験が行われました。

さらに1995年に国務院は「企業従業員年金保険制度改革の強化に関する通達」を各地に伝え，同制度の改革が加速されました。こうして1980年代後半，1991～1994年，1995～1997年など，3つの実験段階を経て，新しい基本年金保険制度が1997年に創設されました。

③ 基本年金保険制度の内容と問題点

(1) 制度の内容

同制度では加入者に関する規定は次の通りです。国有企業，都市部集団企業，その他の企業，都市部私営企業，企業化管理を実施している事業体およびその従業員を年金保険の加入者とします。また各省・自治区・直轄市政府が各地域の現状に応じて，都市部自営業者の年金保険加入を決めることができます。こうして加入者範囲は，従来に比べて大幅に拡大されました。

また基金の財源に関しては，政府・企業・従業員の三者負担となりました。具体的に国が負担する部分は，社会保険管理機関の人件費を含む管理費と，基

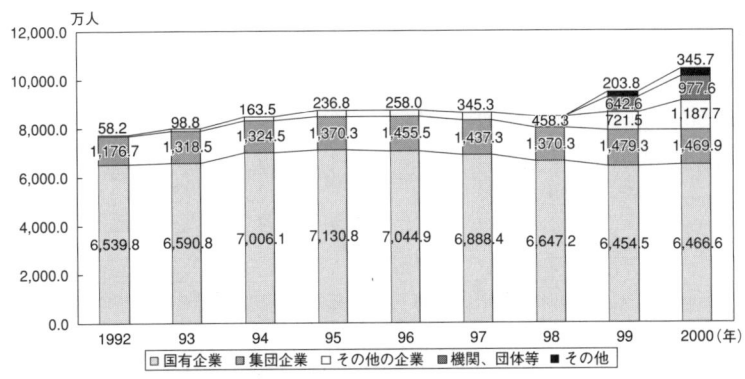

第 6 章　都市部年金保険制度の形成と改革

図表 6-3　所属別年金保険加入者数の推移

年	国有企業	集団企業	その他の企業	機関、団体等	その他
1992	6,539.8	1,176.7	58.2		
93	6,590.8	1,318.5	98.8		
94	7,006.1	1,324.5	163.5		
95	7,130.8	1,370.3	236.8		
96	7,044.9	1,455.5	258.0		
97	6,888.4	1,437.3	345.3		
98	6,647.2	1,370.3	458.3		
99	6,454.5	1,479.3	721.5	203.8	
2000	6,466.6	1,469.9	977.6	642.6	345.7／1,187.7

出所：国家統計局人口和社会科技統計司・労働和社会保障部規劃財務司編『中国労働統計年鑑2001』中国統計出版社, 2001年, 438頁より作成。

金に赤字が出た場合の財政補助金です。企業が負担する部分は，当該企業従業員賃金総額の20％に相当する保険料です。個人が負担する部分は，当該企業従業員の本人平均賃金の 8 ％[9]に相当する保険料です。個人年金口座には，個人が納付する保険料の全部と企業が納付する保険料の 3 ％[10]が積み立てられます。基礎年金口座には，個人年金口座に繰り入れた企業側の納付分以外の保険料が積み立てられます。

15年以上保険料を払った加入者に対して，定年後に年金が支給されます。年金給付は基礎年金口座と個人年金口座からの給付で構成されます。基礎年金口座からの給付は，当該地域における前年度の平均賃金の20％と定められています。個人年金口座からは，個人年金口座積立金の120分の 1 を120カ月にわたって支給されます。転職される場合には，個人年金口座およびその積立金は本人と一緒に転職先に移動します。個人年金口座の積立金が無くなったら，基礎年金口座からの給付のみとなります。このように年金保険制度は従来の賦課方式から，賦課方式と積立方式の混合型へと転換されました。

（2）　制度の実施状況

ここではまず，年金保険の加入者数の変動を見てみます。図表 6-3 から分かるように，1990年代半ばから国有企業の加入者は減少し，その他の企業の加入者が増えています。また，1999年から機関・団体および自営業者を含むその

113

図表 6-4　所属別年金受給者数の推移

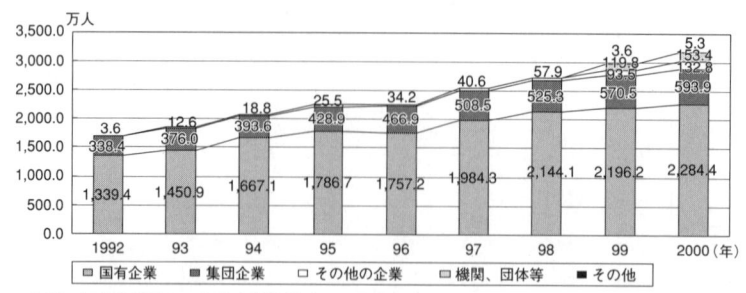

年	国有企業	集団企業	その他の企業	機関、団体等	その他
1992	1,339.4	338.4			3.6
93	1,450.9	376.0			12.6
94	1,667.1	393.6			18.8
95	1,786.7	428.9			25.5
96	1,757.2	466.9			34.2
97	1,984.3	508.5			40.6
98	2,144.1	525.3			57.9
99	2,196.2	570.5		92.5	3.6 / 119.8
2000	2,284.4	593.9	132.8	153.4	5.3

出所：国家統計局人口和社会科技統計司・労働和社会保障部規劃財務司編『中国労働統計年鑑2001』中国統計出版社, 2001年, 438頁より作成。

他に属している加入者も急速に増加しています。国有・集団企業の加入者が加入者全体に占める割合は，1997年には96.0％でしたが，2000年には76.0％に減少しました。一方，非国有・非集団企業の割合は，1997年の3.9％から2000年の24.0％に上昇しました。こうした非国有経済セクター加入者の大幅な増加は，保険料収入が国有経済セクターから非国有経済セクターへ移動していくことを示しています。

また企業別に年金受給者数の変動を見てみますと，すべての企業において受給者が増加しています（図表6-4）。一方，受給者数対加入者数比は各種企業の間で大きな差が存在します。2000年の数値では，国有企業1：2.8，集団企業1：2.5，その他の企業1：8.9，機関団体1：6.4，その他1：65.2となっていました。新制度では，非国有・非集団企業の加入者の拡大によって国有・集団企業の定年退職者の年金給付を支えているという実態がうかがえます。

続いて，年金保険基金の収支状況を見てみます。図表6-5によれば，基金の収入総額は，1992年の365億8,000万元から2002年の3,171億5,000万元に増えました。一方，支出総額は1992年の321億9,000万元から2002年の2,842億9,000万元に膨らみました。1998年，支出は収入より52億7,000万元も多いですが，2000年以降は収支状況が大きく改善され，2002年には328億6,000元の繰り越しとなりました。年金保険財政が徐々に安定してきたことがうかがえます。

また各種企業の基金収支状況を見てみますと，国有・集団企業の収支非均衡化が目立っています。図表6-6から分かるように，集団企業保険基金財政の赤字化は1993年以降拡大しつつあります。赤字額は1993年の2億3,000万元か

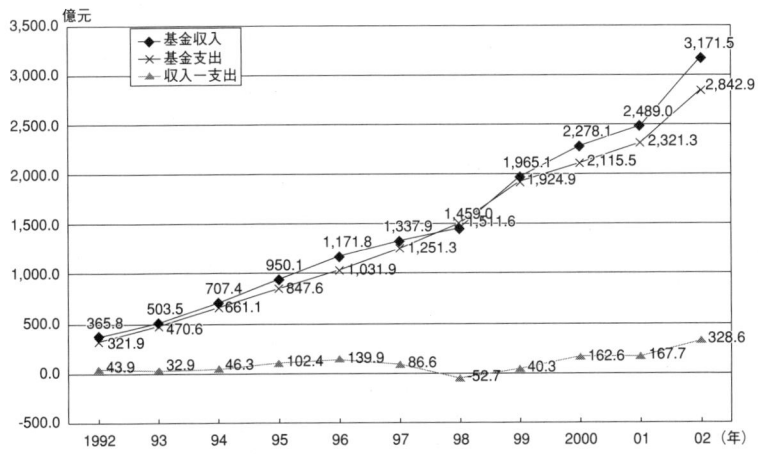

第6章　都市部年金保険制度の形成と改革

図表6-5　年金保険基金の収支状況

（グラフ、単位：億元）

基金収入：365.8（1992）, 503.5（93）, 707.4（94）, 950.1（95）, 1,171.8（96）, 1,337.9（97）, 1,459.0（98）, 1,965.1（99）, 2,278.1（2000）, 2,489.0（01）, 3,171.5（02）

基金支出：321.9（1992）, 470.6（93）, 661.1（94）, 847.6（95）, 1,031.9（96）, 1,251.3（97）, 1,511.6（98）, 1,924.9（99）, 2,115.5（2000）, 2,321.3（01）, 2,842.9（02）

収入－支出：43.9, 32.9, 46.3, 102.4, 139.9, 86.6, －52.7, 40.3, 162.6, 167.7, 328.6

出所：国家統計局人口和社会科技統計司・労働和社会保障部規劃財務司編『中国労働統計年鑑2003』中国統計出版社，2003年，554頁より作成。

図表6-6　国有・集団企業年金保険基金の収支状況（単位：億元）

年	国有企業収入	国有企業支出	当年残高	国有企業の積立金残高	都市部集団企業収入	都市部集団企業支出	当年残高	都市部集団企業の積立金残高
1992	311.6	271.7	39.9	201.3	51.4	49.4	2	14.6
1993	412.1	382.5	29.6	237.4	73.8	76.1	－2.3	13.1
1994	598.6	551.5	47.1	284	91.2	102.3	－11.1	2.5
1995	802.6	716.2	86.4	390.4	111.3	118.2	－6.9	－2.5
1996	968.6	861.8	106.8	506.8	139.2	151	－11.8	－16.1
1997	1,130.80	1,058.60	72.2	598.8	136.3	167.5	－31.2	－48.6
1998	1,213.70	1,288.90	－75.2	481.2	150.1	193.2	－43.1	－91.8
1999	1,567.00	1,590.80	－23.8	492.5	179.9	236.3	－56.4	－126.1
2000	1,698.30	1,646.80	51.5	542.1	199.8	265.2	－65.4	－188.6

出所：国家統計局人口和社会科技統計司・労働和社会保障部規劃財務司編『中国労働統計年鑑2001』，中国統計出版社，2001年，439頁より作成。

ら2000年の65億4,000万元に上り，2000年支出総額の4分の1に相当します。国有企業も，1998年と1999年には赤字財政に陥りました。しかし，その他の企業，機関・団体等は，これまでに赤字財政を一度も起こしたことがありません。もし他の企業，機関・団体の加入がなければ，国有・集団企業だけでは年金保険財政は破綻する公算が大きいことは明らかです。

（3） 制度の問題点
1） 制度創設後の変化
　基本年金保険制度は1997年に導入された後，以下のような変化がありました。
　第1は，新制度の創設は保険加入者を確実に拡大させてきました。従来の制度は国有企業，集団企業および政府機関と事業体の従業員を適用対象にしていましたが，国有企業と集団企業の減少によって，加入者が減少しました。一方，人口高齢化の進展に伴い，従来の制度が抱えている受給者は増え続けています。現存する従来制度の加入者を含めると，加入者総数は大幅に増えたと思われます。しかし皆年金の視点から見ると，基本年金保険の適用率はまだまだ低いと言わざるを得ません。
　第2は財源は企業負担（＝財政負担）から，政府・企業・従業員という三者負担に転換しました。このような転換は政府と企業の負担を軽減し，個人に保険料納付の意識を喚起しました。しかし，政府が担う役割に対しては明確な規定を定めていません。政府責任の曖昧さは負担額だけではなく，中央政府と地方政府の分担という点にも表れています。1998年から2001年までの間，年金保険基金への支出は，中央政府が90％以上を占め，地方政府が10％未満でした[11]。地域間の格差に対して中央政府が調整しているものの，地方政府の役割が計画経済期に比べむしろ縮小したようです。
　第3は，財政方式は従来の賦課方式から賦課方式＋積立方式の混合型に変わりました。このような変化は，一見，世界銀行が主張している3階建ての1階と2階部分に当たるようですが[12]，実際は異なっています。というのは，現段階では個人年金口座に資金が積み立てていないからです。そのため，基本年金保険制度は従来の賦課方式と変わっていないと言えます。
　第4は，年金給付は，従来制度の企業内部業務から現在の社会サービス機関（例えば銀行，郵便局）業務へと転換されました。これは，年金給付業務の社会化とも呼ばれます。2001年，年金給付業務の社会化率は98％に達し，社会サービス機関による年金の支給は基本的に実現しました。こうした年金給付業務の社会化は企業の負担軽減にもつながります。
　第5は，基本年金保険の管轄が労働・社会保障部に一本化され，担当省庁を横断していた問題が解消されました。一方，保険業務を労働・社会保障部に一本化したことによって，資金調達や支払い業務に関する基準が統一されたと考

えられますが，現実はそうではありません。地方にかなりの権限を持たせているため，保険料率や給付額に地域格差が存在します。

2) 制度の問題点

基本年金保険は制度としてまだ成熟しておらず，次のような問題を抱えています。

第1は，皆年金の視点から適用範囲は狭いという問題があります。2002年末現在，加入者は1億1,129万人ですが，それは都市労働者2億4,780万人のわずか45％にすぎません。1997年以降，適用範囲はこれまでの国有・集団企業から拡大し，改善しつつありますが，十分とは言えません。皆年金の視点から，このような状況をさらに改善しなければなりません。

第2は，年金の受給要件が緩いため，保険財政が圧迫されている問題があります。これは企業による早期退職策の不正利用を指しています。経営合理化を求めるために実施されている早期退職策は，年金保険に財政問題をもたらしています。夏波光によれば，1980年代後半から，特に1998年以降，企業は経営の合理化を図るために数多くの早期退職者を作り出したと指摘しています。早期退職させる手段としては，偽りの病名をつけること，偽りの職種を報告すること，従来の適用範囲を不正に拡大することなどがあります。夏波光の論文では，2001年に社会保険事業管理センターが実施した『10都市における早期退職の調査報告』を紹介しています。それによると，1997年から2000年まで，当該10都市における早期退職者は18万7,611人で，それは定年退職者合計の29.3％に相当します。そのため，年金保険基金は6億4,500万元の減収と23億3,100万元の余分支払いが発生しました。[13]

さらに，この調査結果に基づいて全国の状況を推測すると，4年間で全国の早期退職者が213万人，保険基金の減収が73億元，余分支払が265億元（両者合計338億元）となります。これらの数値は早期退職による年金保険基金への影響が如何に大きいかを示しています。早期退職に対する厳しい監督は徹底的にしなければなりません。

第3は，個人年金口座の空帳（口座には資金を積み立てていない状態）という問題があります。年金保険には，積立方式の個人年金口座が設けられているが，実際にその口座には資金が入っていません。個人年金口座の創設当初，基礎年金口座と一緒にしていたことがこの問題の原因です。そのような制度設計の下

では，基礎年金口座が赤字になると，本来個人年金口座に入っているはずの保険料が不正に取り崩されます。

　こうした空帳問題の存在は積立方式の機能を果たさず，賦課方式のままとなっています。個人口座新設の意義をないがしろにしたことは，改めて労働インセンティブを損ねています。また，個人年金口座に資金が入っていなければ，運営することも無く，運営益も無いはずです。こうして形骸化した個人年金口座の存在は，現役労働者にさらなる負担をもたらします。

　第4は，被扶養者の無年金問題があります。現行制度では，個人の加入を基本とします。そのため，被扶養者には年金給付が行われていません。このような仕組みは，従来の低賃金・高就業の下で，でき上がったものです。しかし，経済改革はこのような雇用形態を崩しました。専業主婦のいる家庭が増えています。こうした変化を考えると被扶養者の無年金は将来の不安となり，何らかの解決策を講じなければならないでしょう。

　第5は，個人年金口座からの年金給付方法に対する疑問です。積立金を120で割るということは，個人年金口座からの給付が10年間しかないということになります。退職年齢は男性が60歳，女性が55歳です。しかし，国民の平均寿命は男性が69.6歳，女性が73.3歳である（2000年11月第5回全国人口調査）ことを考えると，今の給付方式では保険料を納めたのに，定年退職してから10年後の年金が基本生活を保障できないかもしれないという問題が生じてしまいます。

4　年金保険制度における今後の課題

　まず，収入を増やせるように加入者の拡大を進めることが挙げられます。これからの改善は皆年金の視点に立ち，都市部すべての労働者に年金保険を適用させるとともに，保険料収入の増加を図るべきです。

　第2に，負担と給付の関係を明確にしなければなりません。空帳問題を解消し，個人年金口座を正常に機能させるようにして，加入者に負担と給付の関係を明確に意識させることは，加入者の拡大にもつながるでしょう。

　第3に，年金保険財政を圧迫しないような仕組みを作ることです。例えば，早期退職のような現象を無くすことによって年金保険財政の負担を軽くします。

　第4に年金保険財政の安定化を図り，一定割合の財政支出を行うことです。

第6章　都市部年金保険制度の形成と改革

　これについては，さまざまな反論を招くかもしれませんが，社会保険制度においては国家主導という理念を果たさなければならないと考えられます。また，それによって基金が安易に財政補填に頼るということを無くす効果も期待できるでしょう。

　第5に，保険基金の管理については省レベルの管理を徹底的に執行し，基金の不正使用を完全に無くすことです。これも年金保険財政の安定化を保証する重要なポイントです。

　第6に，保険基金の運用については豊富な運用益を確保できるような投資方法を取り入れていくことです。投資方法の有効利用はより豊かな運用益を生み出しますから，年金財政の確保にも寄与します。

注

1）　鄭功成ほか『中国社会保障制度変遷与評估』中国人民大学出版社，2002年，80頁。
2）　国家統計局総合司編『歴史統計資料匯編』国家統計出版社，1990年，34頁。
3）　鄭功成『中国社会保障論』湖北人民出版社，1994年，122頁。
4）　利改税は1983年6月から実施された政策です。それは以前の国有企業による利潤上納を企業利益から55％の所得税を徴収することに転換しました。納税後の企業収益は国家と企業の間で配分されるようになりました。「撥改貸」も1983年に実施された政策です。それは財政が果たしてきた役割─国有企業に生産資金・投資資本の提供─を銀行に転換するものでした。これによって，銀行は事実上国有経済を支える組織として，国有企業に資金を提供する資金源となりました。
5）　総合研究開発機構編『中国市場経済の成長と課題』NTT出版，1999年，9～11頁。
6）　国家統計局編『中国統計摘要1999』中国統計出版社，1999年，100頁。
7）　闍坤『中国養老保障制度研究』中国社会科学出版社，2000年，36～38頁。
8）　計画経済期において，事業体は国有企業と同様に予算経費で運営されていました。しかし，市場経済化になると，事業体の運営費は自らの事業収入によって賄うようになりました。これは企業化管理というのです。
9）　本人平均賃金の8％というのは，2004年以降の基準で，1997年以前の実験段階では4％が一般的でした。1998年より2年毎に1ポイントずつ引き上げるようになりました。
10）　賃金総額の20％のうちの3％ですが，2004年以降の基準です。1997年時点では7％でしたが，1998年より2年毎に1％を引き下げられました。個人納付と企業

納付の保険料を合わせると，平均賃金の11%になります。
11) 朱志剛『穏中求進，努力做好社会保障改革和管理工作』（全国財政社会保障工作会議材料），2001年。
12) 1階部分は賦課方式の基礎年金で，2階部分は強制的な積立方式の個人勘定で，3階部分は任意の私的年金です。
13) 夏波光「"提前退休"養老基金永遠的痛」『中国社会保障』2001年第5期。

第 6 章　都市部年金保険制度の形成と改革

コラム
企業内部定年退職者の肥大化

　計画経済期の年金保険制度は当時の経済政策に従って行われたものであり，計画経済体制を維持するために大きな役割を果たしたと思われます。また，短い期間においてほぼすべての国有企業と集団企業およびその従業員を年金保険に加入させ，彼らの老後生活を保障していることに対しても，高く評価するべきでしょう。しかし，経済改革以降になると，低賃金・高就業制度と一体化になった計画経済期の年金保険制度が企業責任のみで行われたことによる問題がしばしば指摘されます。なぜ，このことは計画経済期ではあまり問題視されていなかったのに，市場経済化になると大きな問題となっているのでしょうか。その理由は主に2つあります。1つは，市場経済化になると政府による財政支援が縮小されている点です。もう1つは，制度の成熟化になるにつれて，企業内部の定年退職者がどんどん増えていることです。

　計画経済の時代において，低賃金・高就業の雇用制度の一環として，年金・医療などの社会保障給付は単位保障のルートを通して，貨幣賃金の補充という形で労働者に提供されていました。単位とは企業，政府機関，事業体，社会団体のような経済活動や社会活動にかかわる組織ですが，それぞれに予算が配分されていて運営するようになっています。単位ルートの社会保障とは，単位ごとに行われる社会保障を意味しており，それは，企業・行政機関・事業体などの当該単位に属している現役従業員・公務員のみならず，定年退職者をも対象にしています。単位ルートの社会保障の財源は，公務員の場合には政府財政によって賄われていましたが，企業従業員の場合には企業の営業収益から支出され，不足が生じた際には財政補填で賄われるようになっていました。

　特に1969年以降は年金保険における社会プールの機能が無くなり，企業が単独で年金保険業務を行うようになりました。そのため年月が経つにつれて，企業は大量の定年退職者を抱えるようになりました。現役者より多い定年退職者に対して，年金給付を行うことは，企業の財政基盤を脅かしていました。鄭功成によると，1956年に成立した大連市織布会社には，1994年に1,258名の現役従業員がいましたが，定年退職者が1,503名でした（鄭功成『論中国特色的社会保障道路』武漢大学出版社，1997年，33〜34頁）。年金給付が現役者の賃金より多いことがその企業を破綻させた要因の一つです。また，年金は低賃金の補完として支給されていたため，経済成長や賃金水準の上昇によって年金の代替率と年金額そのものが次第に高くなりました。1980年代初頭，年金給付水準は退職前の賃金の80〜90％に上昇しました。企業内部の定年退職者の肥大化および高い代替率が企業収益を減少させ，企業の存続を脅かす要因の一つとなっていると言われています。

第7章 都市部地域社会の変容とコミュニティ・サービスの展開

1 都市部地域社会の変容

　中国は，1979年の改革開放以降，市場経済の導入により多くの国営企業が解体し，近年，民営の企業や中国に進出した海外の企業が多くを占めるようになりました。特に北京，上海，広州など沿海地域では，改革開放以前には考えられないような豊かな暮らしをしている人がたくさん現れています。

　この目覚ましい発展をとげている都市部でも，近年さまざまな社会問題が噴出し始めています。例えば，都市部に流入する人口問題，都市化の問題，そしてそれらに伴う高齢化社会の問題もクローズアップされています。中でも一人っ子政策の下では，核家族化が進展するとともに，家庭内における子どもの養育，高齢者の扶養問題が近年の課題となっています。中国の家族は，伝統的に血縁を重んじる家族主義の考え方がその中心です。現在でも慶弔事には多くの人々が故郷で親戚一同で集まることが習慣になっていますし，農村部では3世代同居などが一般的です。しかし近年，北京や上海など大都市では住環境の問題，仕事の多様化と多忙化，若年層の価値観の多様化などの影響により，この家族のあり方が，年々変化しています。この状況では，今後，家族内でこれまで有していた子どもの養育や高齢者の扶養など福祉的な機能を新たに社会に求めていく必要性が生じています。

　改革開放以前，中国の多くの都市部の労働者は，自分の所属する単位(組織)[1]から住居，医療，教育などを享受するのが一般的でした。この単位が所属する地域は，社区と呼ばれ，人々は，生活に必要なサービスのほとんどをこの社区から無料あるいは低額で享受することができたのです。いわば単位と社区が地域住民の中心的な生活サービス機関の役割を果たしていたのです。

　しかし近年，市場経済の導入に伴って多くの国営企業が解体，整理・統合され，それと同時にこの生活サービスの提供を担ってきた社区自体も変化を余儀

図表7-1　中国の行政組織

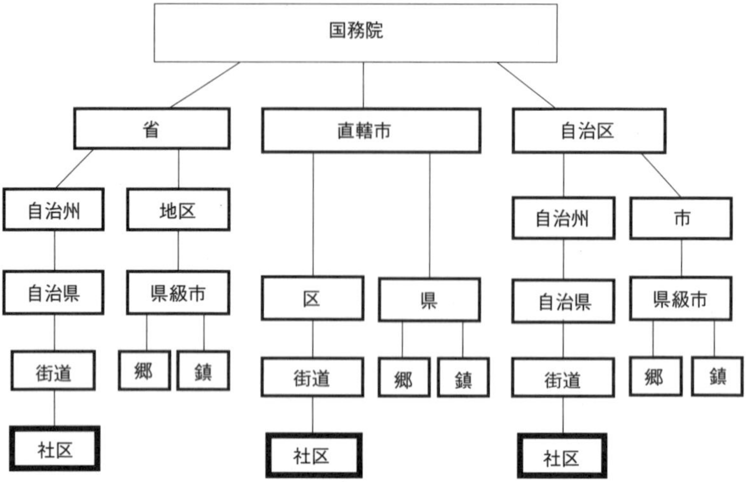

```
                          国務院
          ┌────────────────┼────────────────┐
          省              直轄市            自治区
      ┌───┴───┐         ┌───┴───┐       ┌───┴───┐
    自治州   地区         区      県     自治州    市
      │    ┌─┴─┐         │    ┌─┴─┐      │    ┌─┴─┐
    自治県  県級市         街道  郷  鎮   自治県  県級市
      │    ┌─┴─┐         │                │    ┌─┴─┐
    街道   郷  鎮         社区              街道  郷  鎮
      │                                     │
     社区                                   社区
```

出所：筆者作成。

なくされています。そこでは，これまでに無かった新たな生活支援システムの構築が迫られています。

　また古くから人々の居住地域には，政府の末端組織として居民委員会（住民委員会）があります。これは，地域住民の互選により選出された居民委員が居住民の生活全般に関わるさまざまな事柄を把握し，地域のさまざまな問題を処理する機能を担っていました。この居民委員会も社会の変化に伴って，その機能と役割が変わりつつあります。

　このような状況で，都市部の地域で注目されているのが，地域住民の生活支援システムである社区服務中心（コミュニティ・サービスセンター）の建設です。この施設は現在，北京市，上海市などの大都市を中心に，地域の住民に対してさまざまな生活支援を行う機関としての役割があり，その設置が政府により推進されています。この章では変化する都市部の地域とコミュニティサービスについて見ていきます。

　なお都市部の行政組織についてですが，街道は日本の市役所や町村役場に相当すると考えると分かりやすいでしょう。そして社区はこの街道の下部の組織に位置し，さらに社区の下部組織として居民委員会があります（図表7-1）。しかし社区，居民委員会の位置づけについては，変わりゆく中国の地域社会で，

明確に定義づけされているものではないことを付け加えておきます。本章ではこの居民委員会を現代中国の実態に合わせて社区居民委員会と呼んでいます。

②　社区服務とは

（1）　社区の言葉の意味

　社区服務とは何かを考えるにあたり，少し簡単に社区の概念について見ていきたいと思います。

　この社区という中国語は近年，日本語の「地域」に相当する言葉として翻訳されています。そして言葉の意味を定義する時，さまざまな説がありますが，社会学理論体系の基本概念の一つから出発したという考えもその1つです。それは社区の語源は，ドイツの社会学者・テンニースが定義した「ゲマインシャフト」と「ゲゼルシャフト」の言葉から由来という考えがあります。

　この「ゲマインシャフト」の概念は，「伝統社会における人々の交流の範囲は狭く，しかしながら交流の程度は相当に親密であり，共同体の意識が強い一種の共同体の形態[2]」を指しています。それに対して「ゲゼルシャフト」とは，「現代工業化と都市化の社会における人々の広範囲の交流を指し，しかし交流の程度は浅い生活の形態[3]」を指しています。この概念が，その後，アメリカの社会学者らによって，「コミュニティ（community）」，「ソサイアティー（sociaty）」と翻訳されるようになり，それらを中国語で表した際に社区と社会にそれぞれ翻訳さるようになったと言われています。

　しかし先ほども触れたように，近年の中国の社会学界においても社区と社会の原語について，明確な定義がされているとは言えないのが現状であり，今後，この言葉についてどのように議論が展開されるか注視する必要があります。例えば関信平は，ゲマインシャフトあるいはゲゼルシャフトのどちらの概念も中国語の社区と翻訳することには理由があるとしています[4]。それは，「この言葉が社会の『一定区域』の『共同性』を持つ『地域』は社区概念のなかで最も重要な要素のひとつで伝統的な社会では，人々の活動範囲は地域の制限を大きく受けており，そして地域にこの『共同性』は人々の経済や社会交流，さまざまな社会関係の生産の重要な基礎となっているからである。」と考えています。

　このように，今もさまざまな社区の語源についても多くの考え方があります。

したがって社区服務の言葉についても日本語ではコミュニティサービスや地域サービスなどと翻訳するのが一般的になっていますが、この言葉の定義についてもさまざまな議論があります。民政部（中央省庁）は社区服務を「社区服務は、地方行政地域の末端組織、農村部の場合は、郷、行政村、などが主体となって、地域住民へのサービスを行う機関である。」と定義しています。

（2） 社区服務の展開

さて、実際の社区服務の実践活動の開始は、民政部が1986年に本格的に都市部で社区の建設と社区服務に力を入れてから活発化するようになりました。当時は、社区福利服務あるいは社区建設と言われていましたが、現在は社区服務と呼ばれることが多いです。

1987年になると、民政部は社区服務の活動内容を細かく規定するようになり、大都市を中心にこの建設が急速に広がり始めました。この社区服務の展開は、中国の経済活動と深い関係があります。

改革開放が進む中国では、1987年当時、政府も改革の時期であり、単位がすべて責任を持って地域住民の生活サービスを提供することが前提となっていました。その環境下では、国有企業の経営状況がどうであれ、均一に居住民に国有企業が社会サービスを提供していました。つまりそれ以外、住民に提供される生活保障は無かったと言えるでしょう。それが、改革開放の流れの中で1980年ごろから政府が国有企業を解体、整理し、労働者やその家族への生活保障の国有企業の負担を減らす方向に動き始めたことが社区服務建設のきっかけになりました。その後、国内のさらなる市場経済の導入とともに、農村地域と沿海地域との経済格差や、それに伴う失業問題、急激な高齢化の問題も出現し始めるようになりました。このような社会の変化と人々の暮らしの安全・安心のために社区服務は展開されています。

しかし、忘れてはならないのは多くの人口が暮らす農村部です。今日でも農村部では社区服務は建設されておらず、人々の暮らしを支えるためにサービスをそのように構築していくか、課題になっています。中国では1億人以上の60歳人口のうち半数以上がなんらかの疾患を持ち、潜在的な福祉ニーズがあるとされています。さらに家族規模の縮小と社会の変化、工業化の進展によりそれまで家庭が果たしていた役割が必然的に小さくならざるを得なくなるにつれて、

政府は人々の社会保障や社会福祉などの生活支援のシステムを地域でどのように推進していくか、社区服務の活動展開はその中心として今後の展開が注目されます。

③ 社区服務の活動

実際の社区服務の活動はどのようになっているのでしょうか。ここでは筆者が2004年8月、北京市内の6カ所の社区服務を訪問調査したものから、東城区交道口交東社区服務中心と宣武区大柵欄街道社区服務中心の活動状況について見ていくことにします。

（1） 都市部の中心で展開する活動

北京市東城区の北西部、地下鉄安定門駅の近くの交道大通に面した大きな敷地内に交道口交東社区服務中心（以下、交東社区服務中心）があります。施設周辺は大型ショッピングセンターや飲食店街があり、きれいに整備されている繁華街です。一方、このエリアの裏手は未開発の古い町並みの胡同が多く残っており、対照的な雰囲気になっています。北京市政府が今後の社区服務建設のモデルとして力を入れているように見えます。社区への出入りは24時間モニターで監視されているなど居住民に対するセキュリティー対策がなされています。

この社区は交道街道が管轄する10カ所の社区の一つです。2001年6月から北京市政府がこの地域の景観に配慮し、それまでの居住地で改修の必要性のあった4つの胡同の社区を真新しいマンション群に再開発し、2003年6月に工事が完了しました。しかしこの街道内のすべての社区が同様に開発されているのではなく、他の9カ所の社区は昔ながらの居住形態である四合院の住宅を政府が保護しているため、現在でも古い住居に住民は暮らしています。この社区の管轄エリアは周囲15.81平方キロメートルと非常に広く交道街道内で最大規模ですが、そのほとんどが企業ビルや商業施設で占めているため、この社区服務がサービス提供の対象としているのはこのマンションの住民です。

1） 住居の特徴

居住区は6階建てマンションが15棟と2棟のオフィスビルからなっています。この15棟には住民およそ2,700世帯、7,547人が暮らしています。住民のほとん

交東社区服務中心の外観　　　　　社区服務中心警備室のモニター画面

どが以前のこの地域に暮らしていた住民であり外部から移入してきた住民はいません。マンションの部屋は複数タイプがあり家族数によって適宜割り当てられます。マンションの購入費は以前の居住民が優先であるが無料ではなく1平方メートル当たり1,480元で購入することになっています。それでも以前の居住民であることが配慮されており，このレベルの居室を他の地域で購入すると1平方メートル当たり5,000元になると言います。住民優先でも安価で入居できるようになっています。

2）企業・商業施設との連携

社区服務の活動は，管轄エリア内の社区にある企業や公共機関や施設と協力関係に基づいています。これを社会単位と呼びます。このエリアには具体的に，交道口天容隆（大型スーパーマーケット）などの商店，中国銀行東城支店営業部などの金融機関，北京市第六医院などの医療機関，北京第22中学校などの教育機関および理容店，公共文化会館，図書館などがあります。これらの協力機関と社区とは「社区単位為老服務名簿（社区企業の高齢者のためのサービス名簿）」により「社区単位為老服務協議書（同協議書）」という契約書を書面にて交わし，それらのサービス機関から居住する高齢者に対してのさまざまな物品の提供やボランティア活動の協力があります。

3）社区服務が提供しているサービス

①社区服務の施設の機能

3階建てのこの施設の設備は，①警備室（モニターによる24時間セキュリティーシステム），②パソコン室（インターネット室），③図書室，④医務室，⑤軽運動（リハビリ）室，⑥娯楽部屋と文化活動の提供（ビリヤード室・卓球室），⑦子

供向け教育室といった部屋から構成されています。ほかの社区服務ではその機能の多く託老所[7]の運営がありますが，ここにはありません。身体・精神的な状態が悪化した高齢者は老人ホームや病院を紹介します。

②高齢者向けサービス

この社区には60歳以上の高齢者が，およそ1,100人（社区人口の14.6％）居住しています。そのうち92世帯，161人は子どもが無く一人暮らしをしています。さらに，このうちの12人については，健康に問題があり常に見回りが必要なため，彼らの支援のために社区内の高齢者の中から選出された交東社区老年協会理事会[8]（メンバーは会長含め7人）と社区服務のスタッフである社区居民委員会のメンバーおよび地域内の警察らが協力して，高齢者を1対1対応で常に見守っています。また居住高齢者の身体・精神状況は可能な限り情報の把握に努め，把握している806人について「北京市空巣老人基本状況登録簿（一人暮らし老人登録簿）」で記録・管理しています。また金銭的な支援として，子どもが失業している高齢者世帯に生活費用の貸付けも行っています。

③地域内の高齢者支援対策

前述の交東社区老年協会理事会は，社区服務と協力して10項目の地域内の高齢者支援活動を掲げ，活動を推進しています。それらは，以下の活動です。

①緊急時対応が必要な高齢者には社区居民委員会の各メンバーが担当して見守る。
②文化会館，図書館，映画館などで高齢者を優遇する。
③経済的に余裕のある高齢者には月に1，2回のパソコン教室を開催する。
④理美容，自転車の修理，簡単な医療的な処置を定額で提供する。
⑤社区と契約している単位（企業），住民は老齢基金を設置する。
⑥増加する老年協会の会員に対して協会の機能を高める。
⑦子どもの日，青少年の日に，社区の青少年は一人暮らし高齢者の家を慰問する。
⑧老年学校と高齢者の趣味活動などのプログラム（法律相談，健康教育，郊外への小旅行など）を充実させる。
⑨「維権工作協調委員会（近隣とのトラブルの調整委員会）[9]」の活動を充実させ，必要があれば高齢者の司法手続きの支援をする。
⑩社区内の100歳の高齢者の誕生日を祝うなど，敬老精神の意識を高める。

4） 社区服務の活動と運営スタッフ

社区服務の活動費用は，人件費を除いて年間1万元が北京市政府から支給されます。この費用で必要物品の購入やさまざまな行事を実施しています。また，社区服務が発行する「民弁非企業営業執照（民間営業許可証）」を民間業者が取得すると社区服務中心内で児童への教育（英語など）や家政服務（ヘルパー派遣）などの営業をすることができます。社区服務はこれらの業者に営業場所を貸し出すことで少額の賃料を得て運営費に充てていますが，運営資金のほとんどは，市政府からの助成で成り立っています。

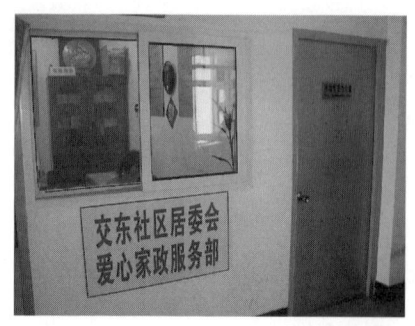

社区服務中心内にある民営のホームヘルパー派遣事務所

インタビューしたスタッフの王主任によると，社区服務中心ができる以前，居民委員会のスタッフは，地域住民で退職者が担うことが多かったが，近年は，社区は政府の下部組織の位置づけになり機能が強化されているとのことでした。それによりスタッフの学歴は以前と比べて高水準になったと言うことです。調査時点で，ここのスタッフは，2003年7月30日に実施された地元の地域での選挙で選出された人と社区の共産党支部による筆記，面接試験により選出された11人（主任1人，副主任2人，委員8人）で構成されていました。平均年齢は47.1歳。短大卒業以上の学歴の者は4人。共産党員は3人います。最低年齢者は38歳で4年制大学卒業者です。スタッフの身分は「社会専職工作者（社会専業職者）」と呼ばれており，その身分は公務員ではありません。ここのスタッフの勤務形態と報酬は以下に示しました。

①社区を専業の職業としており月額1,100元の収入がある人（2人）。

②単位（企業）を退職後，雇われた人（9人）。所属した単位（企業）に応じて月額800〜1,000元の収入があり，ここでの活動報酬は北京市政府から月額500元の手当てがあること。

③政府からの出向（現在，この社区にはいない）した人。政府から月額3,000元の報酬があること。

また，スタッフは住民によって勤務評定がありそれは毎年1回実施されます。

そこで評定が悪い場合は解雇されることもあります。社区服務の地域住民へのサービスは，6つの委員会と婦女連合会によって提供されています。この組織のトップである主任を11人のスタッフがそれぞれ分担して担っており，各委員会には住民から選出された6～8人の委員がいます。

5) 社区服務の課題と展望

王主任によれば，現在のところ運営資金面，人材面でも特に困っておらず，直面している大きな課題は無いが，今後は一層の住民サービス向上を図りたいとのお話しでした。特に今後も増加する高齢者支援対策として，昨年から始めている高齢者の個人「健康管理カード」を早急に作成していきたいと意欲的でした。また高齢者の文化的活動として健康講座やパソコン講座，支援活動として高齢者世帯でのヘルパー活動などを充実させていきたいとのことでした。筆者は，この調査で事務文書「北京市東城区人民政府交道口街道弁事処文件（東政交道発，2003年15号）を入手しましたが，これは1年に2回，北京市の街道（行政の末端機関）が社区服務中心に提出を義務づけている社区服務の活動報告書です。この報告書には，これまでの社区服務中心の活動，責任者の明示，各種委員会活動の実施報告が記載されており，社区服務の活動は適切に管理されています。

（2） 古い下町で展開する活動

北京市宣武区の東部，老舗の商店街がひしめく繁華街の裏の胡同に大柵欄街道社区服務中心があります。施設周辺には明・清代からの昔ながらの商店街や京劇場などが多く集まり，歴史的・文化的な街として北京市が保存しています。例えば同仁堂薬店は創業330年余りの老舗であり，また内朕升靴店は150年以上の歴史を持っています。このような商店が集まる一方，通りを一歩入ると網の目のように張り巡らされた胡同が多数広がっています。この胡同内でもっとも狭い路幅は40センチメートルであることからもこの地域の密集度がわかります。社区服務の周囲は古くからの胡同のエリアであり1.36平方キロメートル（108の細い路地）の狭い地域に2,600世帯，5万人が住んでいます。この数字からもこの地域が下町の住宅密集地域であることが分かると思います。

大柵欄街道社区服務は，いくつかの古い居住地を改修した跡地に2階建ての施設として1999年に設立されました。この社区服務の下部組織として11の社区

居民委員会があります。インタビューした景主任によれば，近年，街道社区服務は社区居民委員会の統括組織として考えて良く，社区建設が進む以前の居民委員会は現在，社区居民委員会とその名称と機能を変えたと考えて良いとのことでした。また街道社区服務中心は，政府（街道）の指導で社区居民委員会の活動を指導・監督する立場にあり，特に近年は居住民の社会保障面の管理と退職者の管理が多く，退職者の管理については戸籍で管理し，戸籍は3年ごとに整理しています。

1） 社区服務が提供しているサービス

建物内には社区のサービスとして，以下のサービスがあります。
①行政サービス（失業保険，社会保険の手続き）。
②地域住民の慶弔時の対応サービス。
③職業訓練学校（失業者を対象にパソコンの基本的操作と電子部品の組み立てなど）。
④子ども教育講座（英語，パソコン，戸外への課外活動など）。
⑤図書室。
⑥医務室。
⑦軽運動（リハビリ）室。
⑧娯楽部屋と文化活動の提供。
⑨住民に対する指導（節水・節約など）。

上記の活動の参加しているのは主に高齢者です。そのほか，ここは青少年活動センター，赤十字活動センターなど20の団体の活動拠点にもなっています。また，敷地面積の関係で多くの社区服務中心に付設する託老所は設置されていません。

インタビューした施設の景主任によれば，居住している高齢者の正確な人数は把握できていないが，高齢者へのサービスのニーズは多いとの話しでした。例えば，気温が35度に達する夏には高齢者の家庭に飲料水を運んだり，気温がマイナスまで下がる冬には練炭を運んだり，そのほかプロパンガスの交換をするなど，このスタッフがボランティアとして行っています。また高齢者たちの子どもは，その多くが他地域で居住しており，週末になると帰ってくることが多いと言います。多くの高齢者は一人暮らし，あるいは老夫婦で居住しており自分たちの退職金で生活しています。彼らは，古くから住みなれているこの地域から他へ移住することを嫌い，体調がすぐれない時など社区内の病院を利用

します。そして地域には託老所が無いため，五保戸[10]の高齢者は病院で生活することが多いとのことです。これらの話から，高齢者世帯が子どもらと同居している者が少ないことが分かります。

2） 社区活動の運営とスタッフ

社区の運営費は政府からその業務内容や居住民に応じて60万～70万元支給されており，その他の収入はありません。その他，地域住民向けのパソコン教室や英語教室，家政服務（ヘルパー派遣）などを民間に委託することで年間10万元の収入があります。スタッフは30人で，すべて外部から招聘されています。その方法は試験によって選出される場合と地域で選挙によって選出される場合がありますが，選挙の立候補者は毎回少ないため，通常街道の指導により住民や職場の推薦によって「居民委員会適正者名簿」が作成され，その名簿によって住民の投票が行われています。選挙は辞退者が出ることを見越して定員よりも2，3人多く選出するとのことです。

スタッフは①試験で選出され専業で社区の仕事をする人（月額1,300元），②地域の退職者で，選挙で選ばれた人（月収500元）の2パターンあります。

3） 社区服務の課題と今後の展望

景主任によれば，北京市政府は2008年の北京オリンピック開催まで，この地域を胡同の保存地域としているが，オリンピック終了以降は地域全体を大幅に改修する計画もあるとのことでした。また，現在の社区服務の活動については，北京市政府（街道）は，あまり細かいことを指導しないので，その分スタッフが地域住民向けのサービスを自ら考えなくてはならないので，やるべき仕事は多く，住民がどのようなサービスを望んでいるかを考えることが課題であるとの話しでした。現在，住民のニーズは，①健康講座の受講，②移住計画，③法律相談の順で高く，この地域に暮らす人々の状況を反映していることが分かります。特に近年は，高齢者向けのサービスと失業者への職業訓練にニーズがあり，中でも主に女性高齢者が着飾って写真撮影するサービスと失業者向けのパソコン教室の人気が高いとのことでした。また高齢者の支援として60歳以上の高齢者には健康診査を実施し「星光計画基本資料台帳」に記録し管理しています。

高齢者に人気の高い写真撮影サービス

（3） 調査から見えてきた活動

これまで2つの社区服務の活動についてその実際を見てきましたが、それらを含め北京市の社区服務の活動をまとめると次のようになります。

①北京市政府は、1990年から社区服務の建設に力を入れています。そして地域の社区の拠点である社区居民委員会では「3・1・1計画（星光計画）」を推進しています。このうち3は医療室（日間照料室、衛生保健室、文化活動室）を指し、1はそれぞれ老年学校と戸外健康活動を指します。

②街道社区服務と社区居民委員会の活動内容と機能はほぼ同じですが、街道社区服務は政府（街道）の指導で社区居民委員会の活動を指導・監督する立場にあります。また地域住民の規模に応じて1つの社区服務中心が管轄する人口は約5万～8万人であり、社区居民委員会が管轄する住民数は約7,000～8,000人です。街道社区の運営費は年間60万～70万元前後です。

③社区服務中心には福祉サービス、住民生活サービス、文化・スポーツサービス、教育サービス、衛生保健サービスの機能があり、またどの施設にも図書室、文化活動室、インターネット室があります。また民間委託しているホームヘルパー派遣サービスや結婚相談所が付設しています。託老所や保育所が付設しているところもあります。

④社区居民委員会の下部組織として、社区のスタッフを中心として組織されている社区建設と発展に関する委員会、環境整備委員会、社会福祉委員会、文化・教育・体育に関する委員会、治安と調停に関する委員会、医療と計画出産・子どもの成育に関する委員会、社区婦女連合会、といった7つの委員会および1つの連合会があり居住民の生活全般の支援を行っています。

⑤社区服務中心の運営スタッフは、街道社区服務中心と社区居民委員会の別に関係なく、社区が社会に公募し試験で選出される方法と地域の居住民で退職者が選挙で選出される方法があります。通常、選挙の立候補者は少ないので、街道の指導により地域住民や職場の推薦によって名簿が作成され、

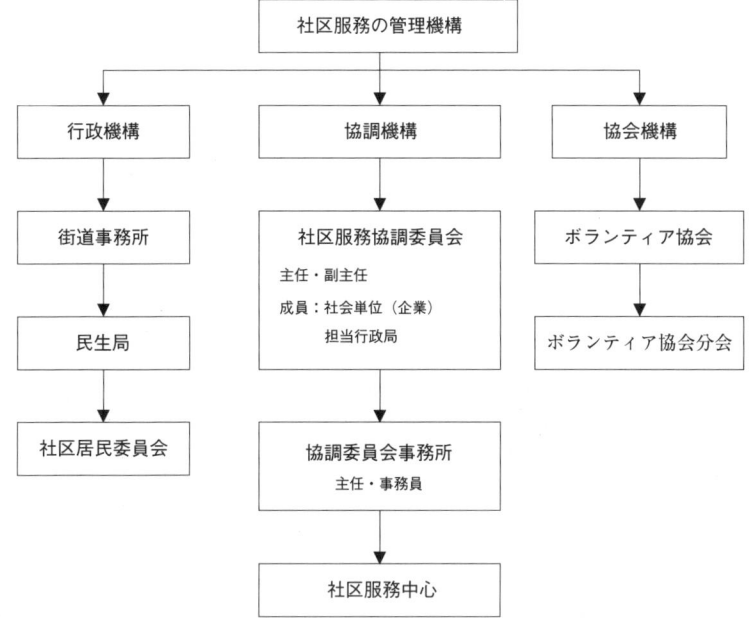

図表7-2　社区服務の管理・組織図

```
                    社区服務の管理機構
        ┌──────────────┼──────────────┐
     行政機構         協調機構          協会機構
        │              │                │
    街道事務所     社区服務協調委員会    ボランティア協会
        │         主任・副主任             │
     民生局       成員：社会単位（企業）  ボランティア協会分会
        │         担当行政局
   社区居民委員会      │
                  協調委員会事務所
                  主任・事務員
                      │
                  社区服務中心
```

出所：筆者作成。

そこから選出されます。公募では短大以上の学歴を持つ者が応募の資格があります。この場合，報酬は月額1,300～1,500元です。また退職者の場合は月額500元の手当てがあります。

⑥社区服務中心の活動は，北京市政府からの干渉は少なく独自に運営することができます。地域住民の声を聞くためにアンケート調査を実施している社区服務もあります。運営上の困難は現在のところ少ないが，今後増加する地域の高齢者サービスの充実を図っていきたいとする社区服務中心が多いのが現状です。一方，敷地面積が狭く新たな事業ができないという課題があります。

⑦社区の中には，古い胡同の住宅街を政府の政策により改修し，真新しい高層アパートに変わった地域があります。この新しい地域の社区居民委員会のスタッフは，地域の見守りが必要な高齢者に対して1対1で対応する制度があり，これは新しい機能と言えましょう。さらに住民の安全確保のた

め，社区の出入り口にカメラを設置し24時間体制で不審者をモニターで監視するなど最新機器が導入されている社区服務中心もあります。このような地域は，2008年の北京オリンピックを控えて北京市政府が力を注いでいることと関係があると考えられます。

⑧社区服務の運営管理の組織は図表7－2のようになっています。組織は行政機構，協調機構，協会機構の3つからなります。行政機構は街道事務所の民政科により社区居民委員会を管轄します。協調機構は居民委員と協力企業（社会単位）の代表から構成さています。協会機構はボランティア協会を指します。

4 社区服務が抱える課題

（1） 公共性の確保

社区服務の公共性は，地域住民へのサービスを提供するために重要な点であると考えられています。社区服務の目的である公共性とは，サービスが普通の社区住民の一般的な要求を満足させるものであり，かつ社区内の特別な支援を必要とする居住民（例えば貧困者，児童，障害者，要介護高齢者など）の需要を満たすことも大切なことです。そのため，さまざまな状況にある居住民への具体的なサービスの提供方法は，社区住民が市場を通しても得ることができないサービスのみに焦点を当てるべきであり，また活動の非営利性は重要で，いかなる福祉的なサービスもみな営利を目的とせずサービスを生むためにサービスを提供するのではなく，福祉性の高いサービスをすべて同様の市場サービス価格よりも低くし，なおかつ基本的な公共サービスは無料にすべきであると考えられています。

（2） 福祉的サービス資源の調達

多くの社区服務が，その活動を実施するための資金や資源の確保に頭を抱えています。そこで社区内の福祉的なサービス提供のための資金や資源の確保のためには，あらゆる条件を考慮しています。例えば，政府からの補助や社会からの寄付，社区による徴税や住民からの寄付などを社区服務のための財源に充てるというのも1つの方法です。特に福祉性の高いサービスのための資源調達

は，サービス運営のための基本条件であり，ここでは政府の資金援助が重要になります。政府がどのサービスを支援するかということは，すなわち政府の社区服務の運営の基本目標ともつながるため，政府は社区服務の建設のみに資金を投入すべきでなく，社区服務の一定の基準となるよう正確にサービス内容を判断し資金援助をするべき，と考えられます。

また社区内の商業施設も社会資源として有効的に活用すべきであり，そのことによって社区服務が社区の企業と住民との相互の共同利益とすることが可能になります。さらに「社区が組織的に公共資源を集約することが重要で，そのことで社区服務が本来の目的である地域住民の社会性と公共性を確保した組織になることができる[11]」という意見もあります。

(3) 独立性

社区服務は政府の資金の導入を得ながらも，その地域の独自性を尊重すべき，という理念があります。それは福祉的なサービスの提供は政府がすでに実施した社区建設の推進にも有益であるが，また同時に政府は，直接，サービス提供を一手に引き受けるべきものではなく，社区服務の建設の最初の段階にこそ資金を投入し，社区の自治組織を育てることが可能になるが，活動自体を担う必要性は無く，長期的に見ればそのことが社区の発展方向に良い影響を与えるというのが，その理由です。

各地の社区服務で同じような固定化されたサービスを提供しており，そのサービスは社区服務の意義からかなりずれており，このことがますます発展を阻害しています。また，このような社区服務の価値，理念と実践活動の面について，社区服務の事業展開と社区の住民との需要の差異を埋めるためには，社区服務のサービスはその社区の独特な存在として尊重されることが必要であり，そのために，社区内で多方面にサービスを提供し，新しい資源を開発し，居住民の実情にあった社区の建設が求められています。

このように社区服務が画一的なサービスを提供しているとの指摘は，社区の独自性の問題，ひいては住民の声をどのように社区の政策に反映させるかということにつながる重要な課題と言えるでしょう。

5　中国と日本の比較

　これまで，本章では中国の社区服務の活動を概観してきました。この活動を日本に置き換えた場合，社区服務は，日本の行政機関の地域出張所に公民館や自治会館，地区センターなど，地域のコミュニティ活動を備えた施設と見ることができます。そこに医療，職業訓練，娯楽室，託老所，託児所の機能が付設しています。

　日本の公民館，自治会館などは地域住民の保健・医療・福祉の拠点として設置されているものではないため，中国の社区服務とはその設置と性格は大きく違いますが，日本でこのような複合的な機能を持った施設は少ないため，今後，中国の社区服務の活動がどのように発展していくか注目されます。しかしその発展のためには前項でも指摘されているように，社区服務の位置づけがいまだ明確になっていないことや，活動が政府からのトップダウン方式で自由度が無い点など，克服すべき課題もあります。

　さて，私たちが地域で生活する人々の暮らしを支えるために，どのようなことが必要かを考えた時，今後，地域の民間団体の存在は，ますます重要になってくるでしょう。

　日本のコミュニティサービスについて見ると，さまざまな民間団体が現れています。例えば社会福祉法に規定されている社会福祉協議会は，民間団体として早くから地域の市町村で地域福祉活動計画を基に，福祉的な活動を実践しています。また1995年に発生した阪神・淡路大震災をきっかけに1998年には特定非営利活動促進法（NPO法）が制定されました。これにより近年，地域で福祉的なサービスの提供が，有償・無償のボランティア団体やNPO団体により展開されています。

　一方，中国でも近年，福祉的な活動を行うNPO団体が多く出現しており，詳しい調査・研究も行われています。しかしその民間団体の数は，政府が認めている宗教団体などの慈善活動を除いて，唯一の民間福祉団体を規定する法律は1993年の赤十字社法があるのみです。これについては，中国の研究者からも中国の民間福祉団体を育成するために必要な法律的整備が必要だとする意見が出ています。[12]

両国は政治制度の違い，民間福祉団体や NPO 団体に関する法律の制定の違いはありますが，中国や日本のコミュニティサービスの発展は，行政に頼らず，民間団体の力とそれを支援する法整備など，環境整備が必要なのは明らかです。

　では，これら環境整備がなされれば，地域の人々が安心して生活を送ることはできるのでしょうか。もちろん民間団体の存在と，コミュニティサービスセンターなどが地域の拠点となり，住民の需要を反映したサービスを策定し，提供することは必要です。しかし，例えば，福祉国家と言われている北欧諸国や，多くの社会保障サービスなどを市場から提供しているアメリカやイギリスなどでも，地域で暮らす人々のより良い生活のために，制度や政策を模索し続けているのが現状です。これは中国，日本についても同様です。経済発展めざましい中国は，今後さまざまな社会保障，社会福祉制度が整備されていくと考えられますし，日本は経済の成長の身の丈に合った制度改革が進行すると考えられます。しかし経済発展や都市化が進展する中で，中国や日本など東アジアの地域に古くからある血縁・地縁関係などの人々の絆が，そこで暮らす人々の生活を支えるための重要な社会資源であることも忘れてはならないでしょう。

注
1）「単位」は中国社会の改革開放以前の基本的な「地域組織」を示す言葉で，労働者とその家族はすべてその地域を管轄している単位に属することになります。その単位は，教育，社会，経済，政治などあらゆる活動の中心となり，人々はその単位の中で日常生活を営みます。近年，市場経済の導入とそれに伴い単位組織も徐々に解体しているといる見方もありますが，一方で依然として中国の戸籍制度とあわせて，住民の移住を制限する制度であるとの見方もあります。中国の地域社会を理解する時は，まずこの「単位」を理解することが基本となります。
2）宮島喬編『岩波小辞典社会学』岩波書店，2003年，60頁。
3）同前書，60頁。
4）関信平「公共性，福利性服务与我国城市社区建設」『東南学術』2002年第6期，50頁。
5）中国では高齢者を60歳以上の者を指して統計などで用いられています。これは多くの労働者が55歳～60歳で定年するため，この年齢以上の者を高齢者として1つの統計的な目安としています。
6）調査した社区服務中心は，「西城区二龍路街道社区服務中心」，「朝陽区団結湖街道社区服務中心」，「朝陽区八里庄街道社区服務中心」，「宣武区大柵欄街道社区服

務中心」,「大安瀾菅社区服務中心」,「宣武区椿樹園社区服務中心」です。詳しくは，横浜勇樹「中国北京市の社区服務中心（コミュニティ・サービスセンター）と高齢者福祉施設に関する実態調査報告書」，三重中京大学・横浜研究室，2004年を参照のこと。

7） 託老所は，高齢者が通所して介護サービスなどを受ける日本のデイサービスやデイケアに相当する言葉と考えられますが，調査した施設の託老所では，高齢者はすべてそこに入所し，介護サービスを受ける入所施設でした。

8） 交東社区老年協会理事会は，2003年，交東社区服務中心ができたのと同時に，地域で選出された高齢者よって構成された高齢者のための会です。メンバーは会長1人，副会長1人，理事5人で社区居民委員会の下部組織に属します。その活動内容は，多岐にわたるが主には居住高齢者の文化的活動を中心にさまざまな行事を企画，運営しています。また60歳以上の居住民すべてが活動に参加できるようにネットワーク化されています。他の社区居民委員会でも同様の委員会が組織されています。

9） 維権工作協調委員会は，主に高齢者世帯間で発生する民事的なトラブルに対応するため設置された委員会です。その活動はトラブルの相談，仲介，調整，およびその実施です。トラブル発生の世帯，種類，原因，対応の経過，現在の状況などはすべて記録簿に残されています。

10） 五保戸は，①身寄りがない，②生活費がない，③子どもがいない，④障害がある，⑤病気である，このような状況にあり，政府からの公的な支援が必要な者を指します。

11） 関信平　前掲書，52頁。

12） 沈潔編著『地域福祉と福祉NPOの日中比較研究』日本僑報社，2006年，11頁。

第7章　都市部地域社会の変容とコミュニティ・サービスの展開

コラム

ボランティア活動

　中国語でボランティアを「志願者」と言い，その活動は1960年代中頃からありました。近年，社区服務の活動が活発化する中で，社区の居住民を中心に各地でボランティア活動が活発化しています。活動分野は広く，高齢者の生活支援，障害者の介護，貧困民の援助などの福祉的活動や環境保護活動，あるいは近年，深刻な問題になっているエイズ患者の支援などにわたります。このような動きを受けて北京大学や清華大学など主要な大学でも，近年ボランティアや福祉に関する研究センターが設置され始めています。

　中国の主なボランティア団体には，社区ボランティア，青年ボランティア，中国赤十字会，慈善総会などがあります。中でも社区ボランティアは民政部に，青年ボランティアは共産主義青年団に属しており規模も大きい組織です。社区ボランティアは1989年，天津市和平区の社区の住民の助け合い活動をきっかけにボランティア協会が発足し，その後，全国各地でこの組織的な活動が広がりました。2003年度，中国には7万5,000カ所以上の社区ボランティア組織，およそ登録者1,600万人以上に達しています。

　北京大学の研究センターの丁博士によれば，中国のボランティア組織は政府によって作られ，政府の活動の一部になっているとの指摘があります。また，博士はボランティア組織が各地で本格的に根づくためには，活動の資金調達とそれを支えるための法整備が急がれると指摘しています。

　このように徐々にボランティア活動が活発化している中国ですが，中でも2008年に開催される北京オリンピックは，市民のボランティア活動を活発化させる大きな契機になるのではないでしょうか。2007年8月1日付の『人民網日本語版』(http：//j.peopledaily.com.cn/)によれば，北京オリンピックの市民のボランティア応募数は，オリンピック史上最大の56万2,296人に達しています。中でも特徴的なのは，ボランティア応募者のおよそ56％が北京地区で占めていますが，その他大陸部地域，香港や澳門（マカオ），台湾からの志願者もおよそ44％に達していることです。さらに平均年齢が低い（36歳以下の者が97.9％），高学歴（大学卒業以上の者が82.5％），応募者が女性が男性を上回っている点も特徴的です。このあたりに，今日の中国のボランティア意識の高まりを知ることになります。

　中国政府は，2007年8月，今後の中国国内の慈善事業について，組織，ボランティア活動の内容，その政策および法的責任などを盛り込んだ，新たな法律「慈善法」を民政部で草案し，次回の全国人民代表大会に提出する予定で動いています。これは政府による新しいボランティア支援の動きです。今後，人口大国の中国において，さまざまな社会問題を解決する手段として，市民のボランティア活動がどのように組織化され，発展し，また，政府が支援していくかが注目されます。そしてそこには，日中相互の協力が欠かせないことも付記しておきます。

第8章 障害者の生活保障と社会福祉サービス

1 障害者の人数とこれまでの福祉政策

（1） 障害者数の推移

　2006年4月，中国において「第2回全国障害者サンプリング調査」（以下，2006年調査）が実施されました。この調査は約20年ぶりに実施されたものでした。前回は1987年に行われました（以下，1987年調査）。前回の調査では，障害の種類を5種類と重複障害としていましたが，今回は6種類と重複障害に改めて実施されました。また調査の内容については，前回と同様に障害者の生活状況を聞き取りをしたり，教育やリハビリテーション，就業などの方面の実態について調べています。

　2006年調査の詳細な結果はまだ公表されていませんが，推算結果から，現在，中国には8,296万人の障害者が生活していることが分かりました（図表8-1）。今回の調査結果では，新たな課題として高齢障害者への福祉が大きく取り上げられています。では，8,000万人以上のこれら多くの障害者は，どのようにして暮らしているのでしょうか。

（2） 障害者福祉の基盤整備

　障害者の生活保障に関する取り組みを紹介する前に，まずは，これまでの障害者福祉への取り組みについて触れておきましょう。

　中国で，計画に基づいた総合的な障害者福祉政策が展開されるようになったのは1988年以降のことです。それ以前は，教育やリハビリ，就業などの個々の分野において，それぞれ取り組まれているという状況でした。特に障害児教育に関しては，早い時点から特定の障害者を対象にして行われていました。しかし次第に，一部の障害者を対象とした福祉ではなく，すべての障害者を含み，総合的な福祉システムを築く必要があると指摘されるようになります。

図表8-1　障害者サンプリング調査の比較

	1987年調査	2006年調査
障害者数	5,164万人（4.9%）	8,296万人（6.34%）
障害の種類	①視覚　②聴覚・言語　③知的　④肢体　⑤精神病　重複障害	①視覚　②聴覚　③言語　④知的　⑤肢体　⑥精神　重複障害
調査の内容	障害者数の把握，生活実態，教育，リハビリ，就業などの方面の状況	

出所：中国残疾人連合会編『中国残疾人事業年鑑』華夏出版社，1996年，296頁，672頁などより作成。

　総合的な福祉政策が実施される一足先の1984年に，全国性の障害者サービスのための福祉団体として中国障害者福利基金会（以下，障害者福利基金会）が成立しました。これまで中国国内には，視覚障害などの一部の障害者に限られた組織があるのみで，すべての障害者を対象にした組織は存在していませんでした。この障害者福利基金会の副理事長に就任した鄧樸方は，会の役割を次のように述べています。
　「会の業務を簡単に言うと，障害者のためのサービス事業を実施することです。障害者がリハビリテーションや学習，就業，生活，社交，結婚などの方面において，一般の人と同じように機会を得て，社会において自己の能力を発揮し，社会発展の動力となるようにします。これは障害者の要求でもあり，我々の道義からいっても辞すことができない責務です。」[2)]
　鄧氏の説明にもあるように，この基金会は総合的な障害者福祉の構築に向けて，大きな役割を担っています。あわせて，障害者福利基金会では社会の障害者への関心をうながし，障害者の権益保障に関する法律や規定を定めるよう働きかけを行っていくことも重要な役割の一つとして位置づけました。今日では，障害者の共同利益を代表し，障害者の合法権益を保障するために活動することを目的に，1988年に設立された中国障害者連合会とともに，障害者福祉の充実に向けて取り組みを行っています。
　中国の社会において，障害者福祉に対する関心が少しずつ高まりを見せ始めるのは，ちょうどこの頃からです。先にも触れたように，1987年には大々的に全国調査が行われ，障害者の置かれている状況の把握に乗り出しました。翌年の1988年には中国で初めてとなる障害者の福祉を増進するための事業である中国障害者事業5カ年活動要綱（以下，5カ年活動要綱）が打ち出されました。これは総合的な障害者福祉を構築するための初めての国家事業でした。この事業

は5年を一区切りとし，教育や就業，リハビリ，貧困支援，文化体育活動の推進，さらには環境整備など多方面にわたる分野への取り組みを，数値目標などを設けて全国において実施されるものです。今日では第Ⅴ期目となる中国障害者事業第11次5カ年（2006～2010年）発展要綱が展開されています。

1988年に出された5カ年活動要綱の中にも見られるように，特にこの時期からは，障害者の権益保障という観点が重視されるようになります。前後して1980年代初期には，障害者も社会を構成する一員として共に平等に社会に参加し，社会・文化・経済の発展を享受することができるよう"平等・参加・享受"というスローガンを掲げ，障害者の社会参加の重要性についても説き始められるようになります。このような流れを受けて，やがて各地方に対する障害者事業への取り組み責任の明確化，並びに障害者の権益保障などについて定められた法律が1990年に成立します。

次からは，その法律において定められた保障事項についてまとめてみましょう。また，障害者保障法における就業保障を，さらに強化するために新たに制定された障害者就業条例についてもあわせて見ていきましょう。

（3） 関連法規に見る障害者の権利保障

1990年に成立した障害者保障法（1991年施行）は，全9章から構成されています。第7章の「環境」では，障害の無い街づくりに向けて必要な措置をとるよう記されています。また障害者の日の設定についても，この第7章で明記されています。それによると，毎年5月の第3日曜日を全国障害者の日とすることを規定しています（第48条）。

続いて，第3章の「教育」や第4章の「就業」に関する条項についても見てみましょう。ここでは，国家が障害者の教育を受ける権利，また就業の権利を保障することを明確に記しています。さらに，この障害者保障法では，障害者への救済や支援，福祉サービスの提供についても規定されています（第6章）。

このように総合的な障害者福祉の増進を図る根拠法としての役割を持ち，障害の無い街づくりの推進や，権利の保障を明確に規定するなど，障害者保障法の意義はとても大きいと言えます。しかし当法律には，法律で定められた内容が遵守されていない場合の罰則規定が明確でない，という大きな問題も抱えています。この罰則に関する課題も含めて，さらに障害者の権利保障を明確に位

置づける必要があるとの声が高まり，2003年から障害者保障法の改正に向けた動きが出ています。

また，2007年5月には障害者就業条例が施行されました。この条例は障害者保障法における就業保障に関する事項をさらに具体化し，強化するために制定されました。確かに条例では，就業での障害者差別の禁止を明記しています（第4条）。また，条例に違反した場合の罰則についても第25条から第28条で明確にしています。しかし，まだ施行から間もないため，効力は明らかではありません。この障害者就業条例がこれから，障害者の就業を推進していくのに効果を発揮することが期待されます。

② 障害者福祉の基本方針と生活保障

（1） 障害者福祉の基本方針

障害者の就業を促進するための取り組みを紹介する前に，障害者福祉の基本方針と就業の関係について，ここで少し触れておきましょう。

中国では障害者の就業は，障害者福祉の基本方針と深く関わっています。中国の障害者福祉は，1950年代から「生産による自助」という基本方針を掲げてきました。これは生産活動に参加し，自らの労働力で生活基盤を整えることを意味しています。手厚い保障を行うことは国情にふさわしくない，との立場から，今日においても就業福祉型の障害者福祉を基本としています。そのため，労働能力を有する障害者は就業による自助努力を求められるのです。この就業による自助は，就業権利の保障があってこそ実現が可能となります。このことから，障害者の就業の権利を保障することは，障害者福祉の基本方針を貫く上でも重要になると言えるでしょう。

では，この就業による自助を促進するために，どのような就業保障制度が用いられているのでしょうか，以下から順に見ていきましょう。

（2） 障害者就業の促進

障害者の就業を促進するための方策として，ここでは主に，①支援体制の構築と整備，②多くの就業ルートの確保の2つについて取り上げます。

まずは障害者の就業を促進していく上で，欠かすことができない支援体制の

第8章　障害者の生活保障と社会福祉サービス

整備についてです。就業サービス機構を設置することや，情報ネットワークを構築することなど，多方面にわたる支援体制を築くことで，障害者の就業を全面的に後押ししようとしています。

　中でも，障害者の就業サービス機構の設置は，すでに障害者事業の第Ⅱ期中国障害者事業第8次5カ年（1991～1995年）計画要綱（以下，第8次5カ年計画）において指示されていました。この機構では，障害者への職業紹介，障害者の求職や失業登録などに加えて，職業技術の養成，さらには後に説明する障害者就業保障金を管理する役割も担っています。機構の名称は各行政レベルにおいて異なります。省，自治区，直轄市レベルには障害者労働サービスセンターを，地・市レベルは障害者サービス部，区や県レベルでは障害者サービス所として開設を進めていきました。これら就業サービス機構は，2005年末までに全国で3,048カ所設置されています。

　同時にこの時期から就業支援事業も含め，リハビリ訓練や用具の提供なども行う総合的なサービス施設である障害者サービスセンターの設置にも乗り出しています。しかし，この障害者総合サービスセンターは地方での設置がほとんど進まなかったのです。そこで1990年代後半からは，国が障害者総合サービスセンターの設置のために特別支出を行い，地方の障害者事業基盤の整備を本格的に取り組み始めました。今日では，全国に2,106カ所の障害者総合サービスセンターがあり，中でも，県レベルの施設は1,802カ所に達しています。[5] 全国の県レベルの障害者総合サービスセンターは，2007年までの完成を目標にしているようです。[6]

　次に，②の就業ルートの確保について解説します。障害者の就業ルートを確保するために，中国では，多くの就業形態を取り入れて活用する方法を採っています。その就業形態とは，a．集中就業，b．分散就業，c．個人での起業，さらには，d．農村における就業などがあります。ここでは，それぞれの就業形態について簡単に触れておきましょう。

　a．集中就業とは，民政部門や企業・事業所などが設置した福祉工場などに障害者を集中的に雇い入れ，仕事に従事させることを指します。
　b．分散就業とは，一般の企業・事業所および機関や団体組織などが一定の比率に応じて障害者を雇用する形態を指しています。この雇用比率は各地において異なりますが，おおむね1.5～2.0％の比率が設定されています。

大連市甘井子区障害者総合サービスセンター

　この雇用比率が達成できていない企業・事業所などに対して，罰金の支払いを求める障害者就業保障金（1995年）制度も確立しています。
　c．個人での起業とは，障害者自らが独立して店を構えるなどして，生産や経営活動に関わることを指しています。障害者が店舗などの開店を円滑に行えるよう，国は工商部門に対して優先的に営業許可書を発行するよう求めています。今日では，この個人による起業が圧倒的な数に上っています。
　d．農村における就業とは，農村に住む障害者が栽培や養殖業，家庭手工業など多くの方法を活用して仕事に就き，賃金や経営収入を得る就業形態を指しています。これは，農村における障害者の就業を解決する方策として位置づけられています。
　2005年末の全国，都市郷鎮の障害者就業の累計では，199万2,000人が個人による起業，140万2,000人が分散就業，124万1,000人が集中就業の形態を用いて就業していることが明らかになりました[7]。
　以上のように障害者の就業は，多くの就業形態を用いて行われています。この就業形態を活用して障害者の就業ルートを確保し，さらに拡大していくことで，障害者の就業を着実に進めていこうとしているのです。では，次からは，このような就業促進策を展開している中国の障害者就業の実態を，就業率から見てみましょう。

（3）　障害者の就業率と就業実態

　今日，中国では障害者の就業率が85％を超えていると言われています[8]。これまでの就業率の推移を表にしました（図表8－2）。
　1987年調査では，16〜59歳までの就業年齢の障害者が2,219万人いました[9]。

そのうち、1,290万人が就業していました。都市の農村で就業率を比べてみると、都市と郷鎮が50.19％、農村では60.55％でした。第Ⅱ期の障害者事業である第8次5カ年計画期間の終わりには就業率は70％に達しました。第Ⅲ期の障害者事業の成

図表8－2　障害者就業率の推移

	1987年	1995年	2000年	2005年
就業率	58.13％	70.00％	82.50％	85.00％

出所：中国残疾人連合会編『中国残疾人事業年鑑（1949～1993）』華夏出版社、1996年、699頁、中国残疾人連合会編『中国残疾人事業年鑑（1994～2000）』華夏出版社、2002年　614頁などより作成。

果では、82.5％まで就業率を上げています。第Ⅳ期は2001年からの5年間で、新たに167万3,000人の障害者が仕事に就いたと言われています。その内訳は、集中就業が48万人、分散就業が42万人、個人による起業が77万3,000人でした。ここから、障害者個人での起業が群を抜いていることは明らかです。一方、農村の障害者の就業については、詳細は記されていませんが、累計で1,803万4,000人が職に就いたとされています。2006年からの第Ⅴ期目の障害者事業の期間、都市や郷鎮では新たに75万人の就業を目指し、農村では1,800万人の障害者の就業を安定させることが目標として挙げられています。

　この就業率の推移を見ると、就業率は確かに上昇しているようです。しかし今日においても、障害者の就業は非常に困難な状況に置かれていることを、ここで指摘しておかなければなりません。就業年齢に達していながら、就業できない障害者は全国に858万人いると言われています。その上、毎年約30万人が就業年齢に達し新たに加わり[10]、さらに、失業した障害者も加算されていき、未就業者は膨大な数に上っています。障害者の就業が困難な要因の一つとして、雇用側の理解不足を挙げることができます。雇用側が就業環境の整備に費用がかさむなどと考え、障害者就業保障金を支払ってでも雇い入れを拒む例もあるのです。また差別や偏見も根強くあり[11]、障害者の就業の道が険しくなっているのも事実です。その一例を、以下の記事から見てみましょう。

　新疆ウイグル自治区に住む劉軍は、左足に障害がありました。彼はたゆまぬ努力をして、優秀な成績でコンピューター専攻を卒業しました。その後、就職試験を受け、受験者の中でもっとも優れた結果を出しました。しかし、雇用側からの返事は次のようなものでした。「申し訳ないのですが、我々はあなたを採用することができません。理由は、あなたが会社のイメージに影響するからです[12]」。

これは，能力のある1人の青年を評価することなく，障害への偏見を顕わにし，また身体の障害が企業側のイメージの低下につながる，という非常に理不尽な理由で，就業の機会を拒んだ例です。障害者の就業が難しい要因は他にもまだあります。障害者自身の教育水準が十分でないことや，技術水準の未熟さなども深刻な問題として指摘されています[13]。

　中国における障害者福祉は，先にも指摘したように手厚い保障や豊富なサービスを供給することではなく，就業による自助を基本としています。そのため就業の保障はダイレクトに生活保障，生存保障へとつながります。また，就業は障害者の社会への参加を実現する一歩にもなります。障害者の就業は，このように多くの重要な要素を含んでいるのです。課題は多いですが，確実な権利保障へと歩み進めることが，充実した障害者福祉へとつながっていくでしょう。

③ 障害者の生活保障と福祉サービスの供給

（1） 生活保障関連制度

　上述のように，中国では障害者の生活は，可能な限り就業によって自身の力で支えていくことが求められます。一方で，労働能力が無く，収入源も無く，身寄りも無い社会救済の対象となる障害者に対しては，定期的または一時的な救済という形で支援が行われてきました。これらの救済は，主に資金の提供や各地方政府の優遇政策といった2つの方法が用いられました[14]。

　中でも生活保障に関係する事柄は，日常生活に必要な食料や衣類などの提供，住まいの確保，生活を営むにふさわしい環境づくり，また病気や怪我をした際の医療サービスの整備など，非常に幅広い分野が含まれています。ここでは，特に生存のために必要となる最低限度の生活保障のあり方に焦点を当てて見ていきます。

　都市に住む障害者や一般の人々の最低限度の生活を維持するために必要な支援を行う制度である都市住民最低生活保障が設けられたのは，1997年になってからのことでした。この都市住民最低生活保障とは，非農業戸籍の都市住民を対象としています。労働能力，経済源，身寄りも無い人々の生活を保障することを目的に制度化されました。1999年には都市住民最低生活保障条例が成立し，次第に全国に浸透し始めました。

一方，農村の生活保障制度は非常に脆弱だと言えます。都市のように，最低生活保障制度の導入が全面的に行われていないのが現状です[15]。農村において，障害者の生活を保障する制度として農村五保扶養事業があります。これは当初，五保戸として1950年代に制度化されました。農村に住む労働能力の無い，収入源の無い，扶養者がいない高齢者，障害者，未成年者を対象に，衣，食，住，医療，埋葬の5つの方面を保障する制度を指します。未成年がこの救済制度の対象となった場合，義務教育を受ける権利も保障されます。1994年には農村五保扶養活動条例が制定されました。その第3条において，五保扶養制度は農村における集団福祉事業であることが改めて明確にされました。

　これらの保障制度は共に，資金や現物を支給する形で行われています。2006年に公表された第Ⅳ期目の障害者事業である第10次5カ年計画の結果によると，2005年末の時点で，都市では390万9,000人の障害者が最低生活保障を受給しています。農村では，5年間に1,189万8,000人の障害者に臨時救済などの形も含めて，生活保障が行われました[16]。

　障害者の最低限度の生活を保障するための制度として，他にも農村障害者開発支援などの農村の貧困障害者を対象とした生活支援制度が挙げられます。これは，リハビリや開発と連動して支援や貸し付けを行い，最終的には障害者を生産活動への参加に結び付けていく方法を用いています。

（2）　社会福祉サービスの供給と社区の役割

　次に，障害者に供給される社会福祉サービスについて見てみましょう。

　中国では社会福祉サービスは，社会福祉制度において，主要な領域ではないことから，整備が立ち遅れてきました。今日では，社区福祉が福祉サービスの担い手として機能しています[17]。この社区とは，コミュニティを指す語です。1987年の初めに，民政部が社区サービスの概念を打ち出し，整備が進められ始めました[18]。社区は生活実態の場として，住民による管理・自治を基本に，地域の資源を有効に活用して，住民が必要とするサービスの提供を行い，住民の生活水準の向上を図ることを主な目的としています。

　同時に，社区内の障害者を対象にした福祉サービスの構築に向けての動きも始まりました。前述したように1988年に成立した中国障害者連合会が，瀋陽市の皇姑区を試行地点として障害者社区リハビリテーション業務を実施したので

す。社区において障害者のリハビリを実施する目的は、地域に住む障害者に医療や教育、職業リハビリサービスなどを提供することにあります。さらに2000年には民政部など14の中央省庁が、社区における障害者事業をより強化して取り組むよう指示を出しました。その中で、社区の居民委員会を中心として社区障害者協会と呼ばれる社区障害者組織を建立し、障害者の声に耳を傾け、きめ細かなサービスを行うよう求めたのです。

社区障害者協会が提供するサービスとは、先にも触れた都市住民最低生活保障制度を着実に行うこと、個人で起業している障害者へ支援を行うこと、リハビリ活動を展開することなどが含まれています。また社区内の障害者や高齢者の社会参加を進めるため、障害の無い環境づくりを進めていくことも主なサービスとして挙げています。

この中国の障害者を対象にした社会福祉サービスは、日本の障害者福祉サービスのように、計画的なプログラムに基づく支援ではありません。利用者である障害者と、主体的な役割を担う社区組織との間に、契約があるわけでもありません。また中国の障害者福祉サービスは、管理責任者の役割なども明確にはなっていません。サービスの内容についても、現段階では、措置的なサービス供給にとどまっていると言えます。

今後、中国の障害者福祉サービスが利用者主体のサービスとして展開されるには、障害者のニーズを十分に把握し、サービス供給のあり方を検討していく必要があると言えるでしょう。

中国の障害者福祉は、1980年代後半から行われてきた大改革を経て、今日では発展期、躍進期へと到達しつつあります。しかし本章でも見てきたように、多くの課題を抱えているのが現状です。これらの課題への取り組みが、今後の中国障害者福祉の方向を決定づけると言えるでしょう。

注
1) 2006年調査では、60歳以上の障害者が4,416万人に上るという結果が出されています。この60歳以上の障害者人数は前回の1987年調査に比べると、2,365万人増加しています。
2) 鄧樸方「為残疾人福利事業貢献我的一切力量」『三月風』1985年総第2期。
3) この「生産による自助」は、1952年から実施されたと言われています。当初は、

都市や農村において，労働能力のある視覚障害者や聴覚言語障害者を対象に進められました。

4） 黄東興編著『中国残疾人実用全書』華夏出版社，2000年，139頁。
5） 『中国残疾人事業"十五"計画綱要執行情況統計公報』，2006年。
6） 中国残疾人連合会編『中国残疾人事業年鑑（1994～2000）』華夏出版社，2002年，450頁。
7） 5）前掲書。
8） 桂樹紅「平等共享，促進残疾人就業」『中国培訓』2005年第5期。
9） 中国残疾人連合会編『中国残疾人事業年鑑（1949～1993）』華夏出版社，1996年，699頁。
10） 『国務院法制弁負責人就残疾人就業条例有関問題答中国政府網問』
11） 王妮娜「残疾人就業，難」『中国残疾人』2006年第5期。
12） 『工人時報』2000年7月21日付。
13） 広州市社会科学界聯合会・広州市残疾人連合会編『残疾人就業保障研究』広東人民出版社，2003年，176～217頁。
14） 馬洪路主編『中国残疾人社会福利』中国社会出版社，2002年，155頁。
15） 広井良典・沈潔編著『中国の社会保障改革と日本』ミネルヴァ書房，2007年，240頁。
16） 5）前掲書。
17） 広井良典・沈潔編著　前掲書，115～116頁。
18） 徐永祥『社区発展論』華東理工大学出版社，2000年，181頁。
19） 中国残疾人連合会編『中国残疾人事業年鑑（1949～1993）』華夏出版社，1996年，536頁。

コラム

全国障害者の日

　中国では，毎年5月の第3週目の日曜日を全国障害者の日とすることを，障害者保障法において定めています。2007年は5月20日に全国障害者の日を迎えました。
　毎年，異なるテーマが掲げられ，それにあわせて各地で催しが開かれます。1991年の第1回目の全国障害者の日は，"障害者保障法の宣伝を徹底的に行おう"がテーマでした。その後，"貧困を支援して，克服しよう"（第8回）や，"ボランティアによる障害者支援"（第10回），"平等享受，障害者就業を促進しよう"（第15回）などが，テーマになりました。
　2007年のテーマは，"障害者の権益を保障し，調和のとれた社会を共に築こう"でした。なぜ，今年はこのテーマになったのでしょうか。それは，2006年に中国共産党16期6中全会で採択された「調和のとれた社会主義社会の構築についての若干の重大問題に関する決定」と関係があります。この文書の中に記されていた"人道主義精神の発揚，障害者事業の発展，障害者の合法権益の保障"といった考え方が基本になり，今年の全国障害者の日のテーマが決まったと言われています。
　では，今年の全国障害者の日は，どのような活動が行われたのでしょうか。ここでは，北京市における催しを紹介しましょう。
　北京では，2008年のオリンピックやパラリンピックの宣伝も兼ねて，活動が行われました。特に障害者の労働と就業の権利を保障することや，社会保障を受ける権利を保障する，などの観点を中心に展開されました。当日，障害者の就業の権利を保障するために「第6回障害のある大学生特別就職セミナー」が開催されました。松下電器（中国）やアメリカの小売チェーンのウォルマート・ストアーズなど，国内外の一流企業が50社以上集まり，障害のある大学生を対象にした求人活動が繰り広げられました。求人職種はさまざまで，コンピューター関連や財務，秘書，サービス員など，600以上もの幅広い職種がありました。本年度，卒業を予定している学生のみならず，既卒者も含め，400名以上の障害者がこの就職セミナーに参加したそうです。聴覚障害者や言語障害者にも対応できるように，手話通訳者を同席させている会社もありました。面談の結果，207名に内定が出され，19名が雇用契約を結ぶに至りました（『中国残疾人』2007年6月号より）。

第9章　障害児教育の歩みと展望

1　近代障害児教育の始まり

（1）　障害児教育の長い歴史

　中国の障害児者教育の歴史は長く，3,000年以上前から奴隷社会の中で，すでに始められていたと言われています[1]。その内容は，宮廷楽隊の一員としての音楽教育や一般的な知識を学ぶ教育，易や占いなどの職業教育などさまざまでした。例えば，周の時代には官立の障害者の音楽教育機構がありましたし，一般教育を受けた後，官途に就く者もいました。

　しかし，これらの教育を受けることができたのはいずれも限られた人々でした。大多数の障害児者は，教育を受ける機会を得ることができませんでした。これは当時，障害児者への教育制度および障害者政策が明確でなかったこと，また統治者や社会によって，障害者は"最貧困層の中の独特な存在"と見なされ，救済を施す対象として扱われていたこと，などが原因として考えられます。つまり，この頃は，まだ障害者も教育を受ける主体者である，との考え方が広く理解されていなかったと言えます。実際に中国の長い歴史の中で，教育を含め障害者に関する政策は系統的なものではなく，制度としても定まってはおらず，常に慈善や恩恵の視点から行われていました。つまり歴代の障害者政策は，終始一貫して社会的救済の一部として扱われていたのです[2]。

　清朝の末期，西欧諸国からやってきた宣教師らによって，中国の障害児教育は大きな転換期を迎えることになります。ここでは，清朝末期から民国期にわたる，障害児教育への取り組みについて概観してみましょう。

（2）　宣教師による障害児教育

　1874年，イギリス人宣教師ウィリアム・ムーン（William Moon）によって，第1校目の盲学校となる瞽叟通文館（現　北京市盲人学校）が北京に建てられま

155

した。そこでの教育は当初，2名の視覚障害児童を対象に始まりました。

　この盲学校は，文化や宗教および一定の労働技能を学ぶ場として，またルイ・ブライユ（Louis Braille）考案の点字から，中国点字"瞽手通文"の創設を手がけるなど，視覚障害児童の教育の基盤作りに非常に大きな役割を果たしました。

　1887年には，アメリカ人宣教師のミルズ夫妻（C・R・Mills & Annetta・Thompson Mills）が山東省に第1校目の聾学校である登州啓暗学館を建てました。設立当初の児童数は，貧窮した大工の子ども1名のみでした。この聾学校では，その児童へ教育以外にも衣食住すべての方面を提供しました。学館の経費は，すべて義捐金から成り立っていたと言われています。[3] 1898年には煙台に移り煙台啓暗学校（現在の煙台市聾唖学校）に改称します。この学校は全国各地へ向けて聴覚・言語障害の児童を募集し，また各地において教師の養成を始めるなど，取り組み内容・規模においても，後の障害児教育に大きな影響を及ぼすことになります。

　これ以降，宣教師による障害児童への教育は全国的に広がっていきました。中国の近代障害児教育は，これら宣教師による教育活動から思想や観念などの面で，極めて大きな影響を受けたと言えます。特に，それ以前の障害児教育はまとまりが無く，それぞれ生活の中で個々に行われていたことからみて，障害児童を対象にした専門の教育機構の設置は，中国の近代障害児教育にとって，もっとも意義深いものと映りました。[4]

（3）　**中華民国期の障害児教育**

　中華民国期（以下，民国期）に入り障害児者の教育にいくつかの進展がありました。

　第1に，障害児者教育の領域が設けられたことです。この頃から障害者や児童の教育が，一般の教育と区分され，専門の教育領域として特種教育に位置づけられるようになります。これは，1922年に公布された教育システム改革令第4条において，「精神あるいは身体に損傷がある者に対して，ふさわしい特種教育を実施するべし」と定められたことから始まります。この特種教育は特別な人々へ行われる教育と理解され，その学校は当時，盲唖学校や残廃学校および低能学校という表現で呼ばれていました。また一方では，この特種教育を残廃教育と言い，盲聾唖児童教育，盲童教育，跛童教育および低能教育と表現さ

れる4種類を含むとも考えられました。

　第2に，中国人によって教育施設が建てられたことです。1915年，視覚障害者の劉先驥が長沙に湖南導盲学校を開きました。中国人自身による障害児童の教育施設の設立は，これが初めてでした。

　第3に，公立の特殊学校である南京市立聾唖学校が設立されたことです。1927年になって，公立の聾学校が南京に建てられました。これは，政府が障害児教育に直接関わりを持った最初の例です。この南京市立聾唖学校の開校によって，中国の障害児童に対する公教育が始まったと考えられます。

　このように民国期の障害児教育には，新たな展開がありました。また，朱衡涛などによって障害者や児童への教育の重要性が強調されるなど，これまでに無い積極的な一面も見られました。しかし，その一方で深刻な問題もありました。当時，障害児童の教育に関する具体的な政策が無い上に，教育行政における障害児教育の立場は非常に低い位置に置かれていたのです。そのため，障害児教育への行政面の支援は十分ではありませんでした。公立の特殊学校も全国で9校に限られ，大半は宗教や慈善性の教育機関でした。1949年までの統計によると，全国の盲学校および聾学校は42校でした。そのうち，公立は盲学校が1校，聾唖学校が6校，盲聾唖学校が2校でした。また，入学に先立ち学費を納める必要があったことから，支払いが難しい家庭の子どもは教育を受けることができない状態におかれました。これらのことから，当時，障害児童へ公教育を行うという観点が，それほど重視されていなかったことが読み取れます。また，行政の障害児教育への支援がほとんど期待できない上に，学校数も全国にわずかしかない状況にあり，障害児童へ教育を行うことは難しい状態にあったと言えるでしょう。

　このように障害児教育への関心の低さや，その他，歴史的な背景による要因も加わり，結果として，民国期の障害児教育への取り組みは非常に緩やかに進められました。

　次節からは，新中国が成立した1949年から1965年までの障害児教育の動きについて見ていきましょう。

② 国家の教育事業としての障害児教育

（1） 障害児教育の体制づくり
1） 盲学校および聾学校の整備
　1949年の成立当初，全国には42の特殊学校があり，在籍している学生は2,300人余りでした。

　新政府がまず最初に取り組んだのは，中国人による私立の盲学校や聾学校の保護，および宣教師らによる特殊学校を接収することでした。1949年の12月に開かれた第1回全国教育会議において「中国人が建てた学校については,保護・維持することとし，指導を強化し次第に方針を改めていく」ことを明確に打ち出しました。これに基づいて私立の盲学校や聾学校に保護政策が採られることになりました[9]。翌年の1950年には，外国からの資金で運営されていた文化教育機関および医療機関を政府が接収し，国家事業に改める方針を打ち出しました。これによって，宗教や慈善性の強かった盲学校や聾学校が国家による教育事業へと改められるようになりました。1957年までに，全国のすべての私立盲学校，聾学校は公立学校として改められました[10]。

2） 学制や学習指導内容の制定
　1951年には「学制の改革に関する決定」を出し，その中で，各レベルの人民政府へ盲学校や聾学校などの特種学校の設置を促しました。学校の設立とあわせて，盲学校や聾学校の学制や教学内容を制定するなど，新政府は障害児教育の体制づくりに力を入れ始めたのです。

　初期の頃は，盲学校，聾学校ともに学制が統一されていない状態でした。また，両学校での学習指導も決められたものが無く，小学校の指導計画を参考に行われていました[11]。この状況を改め，障害児教育の制度を制定していくにあたり，重要な役割を果たしたのが盲聾唖教育処です。

　これは1953年に，教育部が特殊教育の専門の管理機構として設置しました（1980年には特殊教育処に改められ，初等教育局の管轄に置かれました）。盲聾唖教育処は，新政府の成立後，初めての特殊学校を指導・管理する機構であり，特殊学校に関する方針や政策の決定および学制や指導方法に関する制度を定めることを主な業務としました。学制については，その後，幾度か変更が行われまし

た。学習指導の内容は普通学校に比べて，職業技術に関する教育を重視するものでした。

盲学校および聾学校の双方において，職業技術の知識を学ぶことを重視する要因として，当時の障害者政策の方針が大きく影響していることが考えられます。成立初期の障害者に関する政策は，生産自救（生産による自助）をスローガンに進められました。生産労働に参加することで，自身の生活基盤を確保するということ

図表9-1　1949～1960年代半ばまでの特殊学校の推移

	特殊学校合計数（校）	在籍児童・生徒数（人）
1949年	42	2,380
1953年	64	5,260
1957年	66	7,538
1962年	261	18,000
1965年	266	23,000

出所：陸徳陽・稲森信昭著『中国残疾人史』学林出版社，1996年，劉英傑主編『中国教育大事典（上）』浙江教育出版社，1993年，国家統計局人口和社会科技統計司編『中国人口統計年鑑2000』中国統計出版社，2000年などより作成。

の考え方から，障害者は労働に関する訓練を強化することが求められたのです。そのため，それぞれの特殊学校では一般科目の学習に加えて，卒業までに労働技術に関する知識の習得を目指して，職業訓練のための時間が設けられました。

（2）　障害者組織による支援

1950年代には，2つの障害者組織が成立しました。民国期に設立された中国盲民福利会を基礎に立ち上げられた中国盲人福利会（1953年成立）と，1956年に設立された中国聾唖人福利会です。これら2つの障害者組織は，視覚障害および聴覚・言語障害者の就業への支援をはじめ，障害児童の教育の普及に向けても積極的な支援活動を行いました。

両福利会は，障害児教育事業の発展に向けて，まずは学校施設の整備を教育部と協力して進めていくことにしました。その結果，成立から10年近く経った1957年には，全国の特殊学校（盲学校，聾学校と盲聾唖学校）は66校に，文化大革命前の1965年には266校まで増えました（図表9-1）。

学校の設立以外にも，中国盲人福利会が点字書物の出版のために点字印刷所を設置したり，中国聾唖人福利会が手話改革委員会を成立させるなど，両福利会は障害児者の教育の環境改善に向けて，さまざまな角度から取り組みを行いました。

1960年には，両福利会の合併が決まり中国盲人聾唖人協会（以下，協会）が

成立しました。その後，協会は地方においての障害者事業の取り組みを強化するために，地方組織の設立に向けて動き始めます。しかし，1960年代半ばから社会情勢が一転し，それまで築き上げてきた障害児童の教育，およびその他の関連分野の基盤が，この時期に崩壊へと追い込まれていきました。

③ 障害児教育の停滞から再建へ

（1） 文化大革命期の障害児教育

1960年代は，それまでの取り組みを通じて，各地域でも次第に障害児教育の推進が図られるようになっていました。しかし1966年から始まった文化大革命により，教育部は撤収され，盲学校と聾学校の教育業務を管理してきた部内の盲聾唖教育処も機能停止に陥ってしまったのです。そのため，障害児教育は大きな影響を受けることになりました。

また，この文化大革命の期間，福祉の考えは否定され，福祉は「資産階級による，大衆の革命の意志を腐食させるための道具である」[12]と見なされ，批判が行われました。それにより，障害者福祉の充実を目指して活動していた協会も，業務の停止や会の解散に追い込まれることになったのです。

（2） 障害児教育の再建

10年に及んだ文革の終結を受けて，1970年代後半からは，社会や経済の立て直しに取り組むことが急務となりました。1978年には国務院の批准を受けて，民政部が全国各地の協会を再建していくことを明確にしました。

障害児教育の建て直しは，管理体制を整えることから始められました。まず，基礎教育（障害児教育は基礎教育に属する）の管理を地方の管轄に移し，地方別管理体制を採ることを決めたのです。そのため，各地方の教育部門は，教育計画や教育財政の双方を任されることになりました。次に全体的な障害児教育の統括部門として，1980年には教育部の初等教育局に特殊教育処が設置されました。管理体制の整備以外にも，文革中に停止されていた聾学校の教材編成の状況を立て直すために，1977年から教材の出版が再開されるようになりました。教育部は，1977年に上海市教育局に対して，聾学校の教材の編集を委託しました。1979年には，上海教育出版社から教材が出版され，全国の聾学校で使用さ

れるようになりました。

このようにして，文革後の障害児教育は，主に管理制度の立て直しを中心に進められていきました。

④ 障害児教育の変化

(1) 知的障害児教育への着手

建て直しが進められる中，1979年に新たな動きが見られました。それは，知的障害児童に対する教育が始められたことです。この取り組みが始動するまでに，新中国の成立からすでに30年の月日が経過していました。

その年の春，全国に先駆けて上海において，知的障害児童の教育が始められました。上海の第2聾唖学校内に，知的障害児童の特殊学級である輔読班を2クラス併設しました。この学級で当初，24名の児童を受け入れました。秋からの新学期にあわせて，第2聾唖学校では新しく4クラスを設置して，44名の児童の受け入れを行うまでになりました。1981年には全市の9つの区において，50の輔読班が設けられ，児童数は590人以上に達しました。[13]

1982年には教育部が，知的障害児童・生徒の教育事業の発展に向けて，全国的な会議を開く構想を打ち上げ，1985年に，上海において全国弱智（知的障害）教育経験交流会が開かれました。この会議を境に，全国で知的障害児教育への関心が高まり始めたと言えます。

(2) 特殊学級の付設

1986年には義務教育法が制定されました。その第9条において，地方の各級の人民政府に対し，視覚障害児童や聴覚・言語障害児童，知的障害児童のために，特殊学校（学級）を設置することを指示しています。また同年に出された「義務教育法の実施における若干の問題に関する見解」では，多様な教育形式の必要性を指摘し，特殊学校だけではなく，普通小学校や中学校に特殊学級を付設することを認めています。これを機に，それまでの障害児教育の形式が，特殊学校に限られていたのを改め，多様性を認めるようになり始めました。

5 新たな教育形態の導入

（1）　農村・山間部での試み

　中国において，障害児童への教育が盲学校や聾学校などの特殊学校を主体にして進められてきたことは，すでに述べた通りです。しかし，1980年代に入っても特殊学校は全国的に不足した状態にありました。1980年の全国の特殊学校数は，盲聾学校が292校，知的障害児童の特殊学校である輔読学校はまだ設置されていなかったのです。14)　そのため，障害児童へ教育が十分に行き渡っていなかったと言えます。特に，山間部や農村部などではその情況がさらに深刻でした。そういった中，普通学校の普通学級で障害児童を受け入れ，教育を行う方法が用いられるようになります。

　障害児童が，一般児童とともに普通学校の普通学級で学習するスタイルを，もっとも早く取り入れたのは，一部の山間部や農村部の小学校でした。15)　1980年代初期にすでに始められていましたが，当時は認可された教育形態ではありませんでした。現場の教師や校長の障害児童を"校門の外へ置いておくのは忍びない"という判断から，普通学級での受け入れを行っていたのです。これら普通学級に受け入れられた障害児童は，"定員外児童"や"地下児童"と呼ばれ，学習期間の成績は学級全体の成果に加味されることはありませんでした。また，一部の者は幸運にも修了証を手にすることができましたが，大半の者は卒業証書を受け取ることもできなかったと言われています。16)

　次第に，この教育形態を用いることで，これまで教育を受ける機会が無かった障害児童も，教育を受けることが可能になると理解され始めます。同時に，教育を受ける機会の拡大という点以外に，少ない投資で教育を普及させることができるという面にも注目が集まるようになりました。つまりこの頃から，学校数の限られた地域では，それまでの特殊学校単独の障害児教育よりも，むしろ融合的な形で障害児教育を行う方が，普及および経費の面から見ても有効なのではないか，との見方が出始めたのでした。

（2）　随班就読の政策化

　山間部や農村から始められた，普通学級内で障害児教育を行うこの教育形態

は随班就読と呼ばれ，1980年代半ばには，障害児教育の政策の一つとして取り上げられるようになります。

　1986年の義務教育法の制定，および1987年に実施された第1回目の「全国障害者サンプリング調査」の結果を受けて，障害児童の義務教育入学率の改善が強く認識されるようになります。1988年からは，5年を一区切りとする障害者の長期事業計画が始められました。第Ⅰ期目にあたる中国障害者事業5カ年（1988～1992年）活動要綱（以下，5カ年活動要綱）において，教育は重点項目の一つとして位置づけられたのです。教育のほかに，就業の促進や，リハビリテーション事業の強化などの項目も含まれました。

　そこでは，まず視覚障害と聴覚・言語障害児童の入学率6％足らずという状況から，それぞれ10％，15％に高めるよう目標数値が設定されました。知的障害児童の入学率に関しては，数値は設定されず「大幅な向上を目指す」という表現にとどめられました。

　また，この5カ年活動要綱でも，障害児童の教育は多種類の教育形態を用いて普及を目指すよう指示が出されました。その形態の一つとして挙げられたのが随班就読です。国家の政策として随班就読が取り上げられたのは，これが初めてでした。5カ年活動要綱における政策化により，随班就読は障害児教育の推進を図る重要な教育の形態として位置づけられるようになり，さらには，障害児教育の主要な政策目標の一つとして認識されるようになっていくのでした。実際に翌年の1989年からは，一部の地域で随班就読の試験的な実施が手がけられるようになっています。

（3）　随班就読の本格的な実施

　試行段階を経て，随班就読が全国的に広がり始めました。

　これを受けて，1994年に江蘇省の塩城で会議が開かれ「障害児童生徒に随班就読活動を展開することに関する試行方法」が制定されました。ここでは7つの分野と36項目について，随班就読を行う上での基準と方向性が明らかに示されました。対象についてもここで決定されました。

　それによると，①視覚障害（盲，弱視），②聴覚・言語障害（聾，難聴），③知的障害（軽度，条件付の学校は中度も可）の3種類の障害児童・生徒とすること。また，各学級での随班就読生の受け入れは3名までに制限する，普通学校が随

班就読を拒むことを認めない，といったことも盛り込まれました。その他に，学習指導に関する要求や教員の養成についても言及しています。

また同年8月には，障害者教育条例が制定されました。この条例の成立は非常に大きな意味があります。この条例の中でも，特に重要な2つの項目を挙げておきましょう。1つは随班就読が，義務教育の一形態として正式に定められたことです（第3章第17条）。これは随班就読が試行から実践へと移行していくための根拠法になりました。2つ目は，教員に関する制定です（第6章第37条）。国が障害者教育に関わる教師を対象に，資格認定証の制度を取り入れることを明確に示したのです。

（4） 特殊学校の役割の重視

随班就読を教育形態の一つとして取り入れたことで，これまでの障害児教育が大きく変わり始めました。ここで，その変化をいくつか挙げておきましょう。

第1に，教育を受ける機会が拡大したことです。随班就読は，既存の教育施設を活用して，障害児童を受け入れるため，より多くの教育の場を確保することが可能になりました。結果として，障害児童の教育機会を広げることができ，障害児童の入学問題にも改善が見られるようになりました。

第2に，障害児教育の構造，および視点に変化が見られたことです。これまで障害児教育とは，特殊学校を主体にした教育を指してきました（図表9-2左）。それが随班就読の導入によって，普通学級で行われる障害児童への教育も，障害児教育に含まれるようになったのです。障害児教育の構造が，1980年代以前と比べて大きく変わったことが図表9-2から理解することができるでしょう。

随班就読が，障害児教育に大きな改革をうながしたことは，上述の内容から明らかになりました。しかし中国の障害児教育は，随班就読に中心的な役割を期待しているのではありません。そのことを，次のことから読み取ることができます。

時期は前後しますが，1988年11月に開かれた全国特殊教育活動会議での国家教育委員会副主任の何東昌の発言に注目しましょう。氏は障害児教育の発展には，これまでの単一の形態ではなく多様な教育形態で実施していく必要があることを強調しています。しかし，障害児教育の基幹的な役割を担うのは，特殊学校であることに言及しているのです。障害児教育のあるべき姿として「特殊

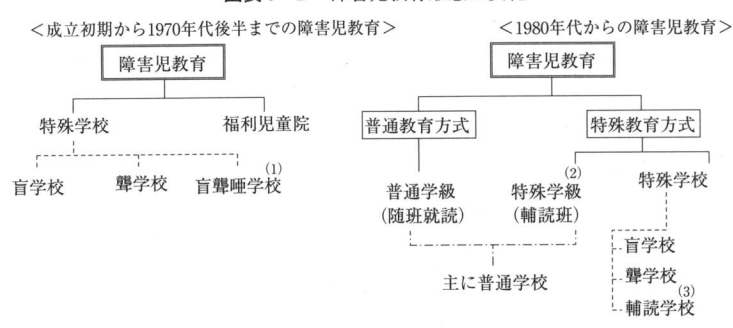

図表 9-2　障害児教育形態の変化

<成立初期から1970年代後半までの障害児教育>

```
          障害児教育
         ／      ＼
     特殊学校     福利児童院
    ／  │  ＼(1)
 盲学校 聾学校 盲聾唖学校
```

<1980年代からの障害児教育>

```
              障害児教育
            ／         ＼
       普通教育方式      特殊教育方式
        ／    ＼         ／  ＼
    普通学級  特殊学級(2)  特殊学校
   (随班就読) (輔読班)      │─盲学校
        主に普通学校        │─聾学校
                            └─輔読学校(3)
```

出所：拙稿「中国障害児教育の変遷」『中国研究月報』2003年12月号、10頁、一部修正。
注：（1）1950年代後半から次第に、障害の特性の違いから、盲学校と聾学校に区分するのが適当、と判断されるようになり、整備が進められるようになる。
（2）障害者教育条例第3章第17条によると、児童福祉施設やその他の機構に附設の障害児童生徒の特殊学級も含む。知的障害児童を対象にした特殊学級は輔読班という。
（3）輔読学校は知的障害児童・生徒の特殊学校を意味する。輔読学校以外に、中国語では培智学校、啓智学校などと表される。

学校を基幹に、多くの特殊学級と随班就読を主体に形成していく」と述べています。さらに、1991年から始まった中国障害者事業第8次5カ年計画要綱（以下、第8次5カ年計画）においても、特殊学校の役割を重視した、障害児教育を推進していくよう指示が出されています。この期間はまだ5カ年活動要綱の実施予定期間でした。しかし予定時期よりも早期に成果を挙げることができたこと、また国民経済と社会の発展10カ年計画と第8次5カ年計画要綱に沿って、障害者事業を策定し直すために、本計画が制定されました。

以上のことから分かるように、随班就読の導入は、それまでの特殊学校を否定するものではありません。むしろ随班就読の導入から、特殊学校の役割が、これまでに比べて重視されるようになっているのです。多くの経験や実績を積み上げてきた、特殊学校の役割を十分に発揮することで、他の教育形態への、指導・補佐などをあわせて担うことが求められています。中国の障害児教育の方針は、「普及と向上を結びつけて、普及を重点的に行う」と定めています。障害者保障法第3章第20条および障害者教育条例第1章第3条において、障害児教育の方針を次のように規定しています。

「障害児教育は普及と向上を結びつけて、普及を重点的に実施することを方針とします。特に義務教育と職業技術教育の発展を重点的に、積極的に学齢前

教育を展開して，高等学校以上の教育は順次発展させていきます」。随班就読への取り組みは，普及を優先するために採られた教育的措置であると言えるでしょう。

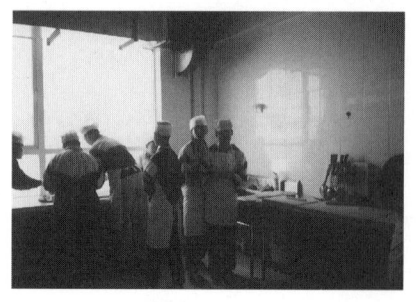

特殊学校での調理実習

（5） 随班就読の問題点

障害児童の義務教育の普及に役立つ方法として取り入れられた随班就読は，教育の現場で決して順調に受け入れられた訳ではありませんでした。ここでは，その随班就読の問題点を指摘しておきましょう。

普通学校の普通学級に障害児童を受け入れる随班就読は，当初，現場の教師の困惑を招きました。教師の養成に先んじて制度を導入したことから，教師が当該児童に適切な支援を行うことができなかったのです。そのため，ただ単に普通学級に在籍しているだけの随班混読または随班就座という現象が，多く見られるようになってしまいました[17]。また，普通学校の環境に馴染むことができない随班就読の対象児童が，退学や転校を余儀なくされるケースも珍しくなかったと言います[18]。

新たな教育形態の導入が，当初，混乱や戸惑いを持って受け入れられたことがよく分かります。また，環境整備や養成等の準備が十分でない状態で，随班就読を実施することがいかに難しいか，ということもよく理解できます。一部の地域では近年，教師の養成や学級の環境づくりなど，ずいぶんと進んできました。上述のような課題を克服して，随班就読が障害児童の教育形態の一つとして，その役割を果たすことが，いま求められています。

6 障害児教育の現状と課題

（1） 入学率の推移

前節までに解説してきたように，中国の障害児教育は，1980年代に新たな教育形態を取り入れたことで，大きく変化することとなりました。1990年代には障害児教育の重要な政策として位置づけ，障害者事業計画においても，取り組

みを推進するよう指示を出してきました。では今日，その障害児教育はどのような状況にあるのでしょうか。障害児童の教育の変化を入学率から捉えてみましょう。

1980年代後半，当時の国家教育委員会が公表した障害児童の入学率は，6％足らずという数値でした。この数値が，障害児教育を楽観視で

図表9-3 障害児童の義務教育入学率の推移

1980年代後	6％足らず
1992年	55.24％
1995年	62.5％
2000年	77.2％
2005年	80.0％

出所：中国残疾人連合会編『中国残疾人事業年鑑（1994～2000）』華夏出版社，2002年，586頁，587頁，「中国残疾人事業"十一五"発展要綱与配套実施方案」などより作成。

きないことを示していました。その後，教育形態の多様化を打ち出し随班就読という普通学校の普通学級で障害児童を受け入れる形態を，試行という形で進めていった結果，1992年には55.24％にまで上昇してきました。障害者事業の第Ⅳ期目にあたる中国障害者事業第10次5カ年計画要綱期間の終わりには，80％にまでに至りました。

(2) 未就学児童の問題と奨学金制度

図表9-3からも分かるように，これまで，障害児童の義務教育の普及は順調に進んできました。しかし，今日においても未就学児童の数は24万人以上に上っています。そのうち20万人以上の障害児童が，貧困が原因で教育を受ける機会を逃がしているのです。特に青海や甘粛，四川などの西部12省では未就学の割合が高く，未就学児童の45％を占めていると言われています。[19]

この状況を改善するために，奨学金制度を用いて，貧困状態にある障害児童の支援を展開しています。中には，民間人からの資金提供を受けて行っている奨学金制度もあります。それは香港の実業家である李嘉誠氏が資金を出し，中国障害者連合会が実施している長江新里程計画です。この計画では，中西部地域の視覚障害児童の入学支援のほかに，義足の普及に向けた支援などもあります。これら奨学制度の活用が，深刻な未就学児童の問題を解決へと導いていくことが期待されています。

最後に上述の内容からも分かるように，これまで中国の障害児教育は，障害児童へ義務教育を普及させることを中心に取り組まれてきました。今日では，義務教育修了後のあり方が大きな問題として浮上しています。進学を卒業後の

進路として選ばない障害学生は，義務教育を修了しても，仕事が見つからず，社会への参加もままならない状況に置かれています。これら，自宅での生活を余儀なくされている卒業者を対象に，上海のような一部地域では，新たな試みも始まっています。義務教育の普及が一定の段階まで到達した地域では，今後，さらなる充実とあわせて，卒業後に教育の成果が十分に活かせる活動の場の確保に向けた取り組みが必要となってくるでしょう。

注

1） 張福娟・馬紅英・杜暁新主編『特殊教育史』華東師範大学出版社，2000年，196頁。
2） 陸徳陽・稲森信昭『中国残疾人史』学林出版社，1996年，65頁，325〜342頁。
3） 張福娟・馬紅英・杜暁新主　前掲書，209頁。
4） 陸徳陽・稲森信昭　前掲，347〜349頁。
5） 陸徳陽・稲森信昭　前掲，350頁。
6） 張福娟・馬紅英・杜暁新主編　前掲書，211頁。
7） 陸徳陽・稲森信昭　前掲，350頁。
8） 中国教育年鑑編集部編『中国教育年鑑（1949〜1981）』中国大百科全書出版社，1984年，385頁。
9） 蘇林主編『盲童随班就読教育指南』黒龍江教育出版社，1992年，24〜25頁。
10） 中国教育年鑑編集部編　前掲書，385頁。
11） 劉英傑主編『中国教育大事典（上）』浙江教育出版社，1993年，778頁。
12） 時正新主編『中国社会福利与社会進歩報告（2002）』社会科学文献出版社，2002年，246頁。
13） 上海市教育委員会基礎教育弁公室「団結奮闘，再創特教新輝煌」『上海市弱智教育二十年論文専集（1979〜1999）』，2頁。
14） 中国百科年鑑編集部編『中国百科年鑑』中国大百科全書出版社，1981年。
15） 陳雲英編著『随班就読的課堂教学』中国国際広播出版社，1996年，43頁。
16） 陳雲英編著　前掲書，43頁，52頁。
17） 華国棟『特殊教育師質培養問題研究』華夏出版社，2001年，1頁。
18） 銭麗霞「手勢在中国西部地区随班就読教学中的応用」『中国特殊教育』2001年第2期。
19） 『中国残疾人事業"十五"計画綱要執行状況統計公報』2006年。

第9章　障害児教育の歩みと展望

コラム
中国の特殊学校

　中国では，多くの教育形態を用いながらも，特殊学校を基幹に据えた障害児教育を推進しようとしていることが分かりました。
　では，その特殊学校について，学制やカリキュラムの再編，また課題点についてもあわせて紹介していきましょう。

特殊学校の授業風景

①学制
　本文でも触れましたが，1949年の建国当初，盲学校，聾学校共に学制が定められていませんでした。そのため，一般の小学校の指導計画を用いて行われていました。1953年になり，両特殊学校の学制が6年制＋準備班，と決まりました。この準備班とは，入学前の半年間を指していました。識字や触覚，ノートのとり方など基本的な学習を行うことが目的でした。1955年，1956年にそれぞれ改正され，盲学校6年制，聾学校10年制と改まり，共に準備班が取り消されました。その後も何度も改正が繰り返されました。今日では9年制を導入して，9年一貫義務教育を採っています。

②カリキュラム再編
　教育部の「基礎教育課程改革要綱」や「第10次5カ年計画の期間さらに特殊教育の改革を推進し発展させることに関する見解」などの考えに沿って，それぞれの特殊学校のカリキュラム再編が進められてきました。上海では2005年に，専門家などから広く意見を集めるため，意見募集稿が出されました。
　それぞれの障害の特性を考慮しながら，基本的な知識や技術を学び，自活能力を養い，社会適応能力や就業適応能力を培うには，どのようなカリキュラムが望ましいのでしょうか。盲学校や聾学校，知的障害児者の学校である輔読学校（または培智学校），それぞれの学校の特性を考慮した案が構想されているところです。

③経費問題と地方教育行政の認識
　南京特殊教育職業技術学院の王輝氏は，特殊学校の校長を対象に調査を行いました。その結果から，特殊学校が今日直面している課題が見えてきました。
　調査の結果，大半の特殊学校が資金不足である，と回答していることが分かりました。実際に，リハビリ訓練などの器材を十分に揃えることができない，また，時代にふさわしい設備を整えることができない，さらには教室が不足している等，特殊学校の教育環境に大きな影響が出ていることが明らかにされています。
　本文でも指摘しましたが，中国の特殊教育は経費を含め，それぞれ地方の管轄に委ねられています。各地方において経済条件は異なるため，特殊学校へ投入される経費に差異が生じているのが現状です。この経費不足の背景には，地方の教育行政における特殊学校を含む，特殊教育全体への認識が十分でないことが指摘されています。
　これらの課題について，各地方の教育行政はどのような対応をとるのでしょうか。今後の取り組みを熟視していく必要があります。

第10章 農民工の労働環境と社会保障政策

1 農民工の由来と規模

（1） 農民工の定義と戸籍制度

　改革開放の推進は，農村社会内部に大きな変動をもたらしましたが，同時に農民とその外部環境にも変化を引き起しています。中でも特に注目すべき現象は，民工潮と呼ばれている農民の都市への大移動です。都市化と近代化の過程で，出稼ぎを目的とする1億農民の大移動は短期間のうちに起きました。このことは，農村，都市を問わず社会全体に予想以上の影響を及ぼしてきました。

　日本では主に1960年代から1970年代にかけて，農村地域から大都市（主に三大都市圏）へ出ていく出稼ぎ労働者が数多く出現しました。ここで言う出稼ぎとは，労働者が一定期間家から離れて働くことを指しますが，後に必ず家へ帰ってくることを特徴とします。[1]

　一方，中国研究者の間では，改革開放の下で大量に出現したこのような出稼ぎ労働者について，さまざまな議論が行われています。例えば，農民工，民工，農村流動人口，農村外来人口などの名称で呼ばれている人々がどのような社会構造から生じてきたか，彼らはいかなる仕事に就き，どのような生活をしているか，彼らに関わる社会保障の現状はどうなっているか，などです。

　農民工という言葉が初めて登場したのは，1984年，中国社会科学院の雑誌『社会学通訊』においてです。研究者の間では，その定義自体についてさまざまな議論が行われてきましたが，2006年5月国務院研究室の課題研究グループが公表した『中国農民工調研報告』における農民工の定義では一応の整理ができたと思われます。[2]

　同報告は，次のように述べています。

　「農民工は現在中国の経済と社会の移行期における1つの概念です。つまり，戸籍の身分が農民であり，主に非農業に従事し，賃金を主要な収入源としてい

る労働者を指します」。

　この定義を踏まえて整理すると，狭義の意味では，農民工は出身地の農村地域を離れて，都市部に移り賃金労働者として働く農村労働力です。広義の意味では，狭義の農民工と，県（市より下級の行政単位）の域内で第2次および第3次産業に従事している農村労働力とを合計したものです。つまり，農民の戸籍を持つことと，何らかの形での賃金労働であることが農民工の重要な要件です。ここでは，狭義の意味での農民工，いわゆる農民の身分を持つ都市の賃金労働者を主な検討対象とします。

　この定義を把握するため，まず農民工と緊密にかかわる戸籍制度の変遷を簡単に紹介します。

　1958年の戸口登記条例は，戸籍登録（戸籍簿）を農村戸籍と都市戸籍とに分けました。人々は常住地において，常住人口として登録しなければなりません。1人は1カ所においてのみ，常住人口として登録できます。農村戸籍の者は生まれながらにして土地に緊縛され，職業を選択する自由も奪われました。1964年，国務院は「戸籍の移転に関する公安部門の規定（草案）」を公布して，農村および集鎮（小さな田舎町）から都市への戸籍移転を原則的に禁止しました。これによって，現行の戸籍制度がほぼ完成しました。

　当時の戸籍制度は，農民が都市に移住する際には，都市労働部門の採用証明，学校への入学証明，あるいは都市戸籍登録期間の転入許可証明書を常駐地の戸籍登録機関に提出することを義務づけるものでした。この段階までが，農民工の移動に対して全面的に規制していた時期と見ることができます。

　1978年の改革開放以降，政府は社会主義市場経済の発展により戸籍制度の見直しを余儀なくされるようになりました。1984年，国務院は農民の集鎮転入・定住に関する通達を公布して，食糧を自給できる農民の都市への移動・定住を許可するという戸籍管理の緩和と調整を行いました。ただし，末端行政の鎮政府が所在する鎮への移住しか認めませんでした。

　農民工の発生時期であるこの段階には，農村工業の発展で鎮に住む非農業従事者が増大していきました。それはそれらの非農業人口に食料を配給しなくても食べていける状況に変わったことを背景としています。

　図表10-1に示したように，農民工の増大は主に2つの時期に分かれます。1つは，農業（土地）から離れているが故郷から離れていないという時期です。

第10章　農民工の労働環境と社会保障政策

図表10－1　農民工の時期区分

名称	形成時期	規模	活動地域
①離土不離郷	1980年代	1億2,500万人（～1998年）	農村の郷鎮企業や非農業分野
②離郷又離土	1990年代初頭から現在に至る	8,315万人～1億1,340万人（1997～2000年）	都市部または大都市

出所：南亮進・牧野文雄編『流れ行く大河　中国農村労働の移動』日本評論社，1999年より作成。

彼らは1980年代の郷鎮企業の発展に伴い，同一農村地域内の非農業分野に就労しました。つまり，農村に立地する郷鎮企業，近所の工場，売店，行政部門などの非農業分野で就労する農村労働者です。もう1つは，農業（土地）から離れて故郷からも離れるという時期です。郷鎮企業の不振による農村労働力の吸収能力の衰退に伴って，農村から都市部，特に大都市へ出稼ぎ労働者として流出していく農村労働者です。

1998年以降，公安部の戸籍管理の突出問題の解決に関する意見は条件つきで戸籍の転出入に対する規制緩和を行いました。よって，農民工の移動もほぼ公式に認められる段階に入りました。地方の中小都市や鎮へ転入した農村戸籍を持つ者は正式な住民になることができましたが，北京，上海のような大都市では依然として厳しく規制されています。

2001年以降には，公安部の小都市戸籍改革の意見の公布によって，戸籍を都市へ移す場合の転入先が従来の鎮から県レベルの政府所在地へと引き上げられました。これは政府が大都市への圧力を弱めるために採った方針でしたが，農民工の大都市への移動はそう簡単に変わりませんでした。

（2）　農民工の特徴

農民工の全体状態を把握することは非常に困難です。ここでは，2000年第5回全国人口調査（国勢調査）と2004年国家統計局農村調査隊の調査によって得られた関連数値から，以下のように推計してみます。

1）　農民工の構成

農民工は若年層が中心で，性別では男性が女性を上回っています。2000年と2004年の調査における農民工の平均年齢をみると，26.89歳から29歳へとやや上昇していますが，全体的に若者が多数を占めています。

図表10-2 農民工の年齢構造

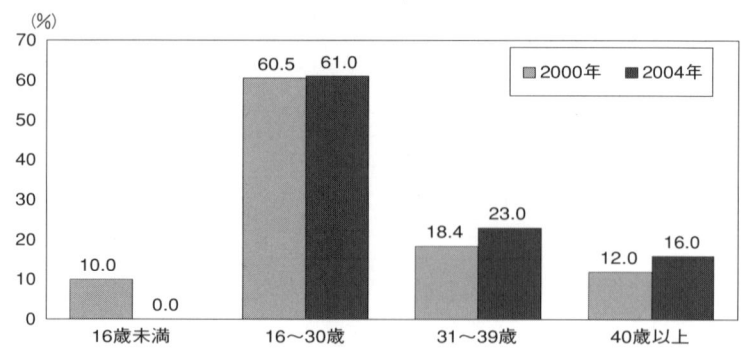

年齢	2000年	2004年
16歳未満	10.0	0.0
16〜30歳	60.5	61.0
31〜39歳	18.4	23.0
40歳以上	12.0	16.0

出所：陸学芸編『当代中国社会流動』社会科学文献出版社，2004年，309頁，国務院研究室課題組編『中国農民工調研報告』中国言実出版社，2006年，71頁より作成。

大学附属病院の工事現場で働く農民工たち

　図表10-2は農民工の年齢構造を示すものです。16〜30歳が6割以上で，16〜40歳で全体のほぼ8割を占めています。2つの調査は統計手法が異なるため，注意する必要がありますが，40歳以上がやや増えていること（12%→16%）は，将来的に農民工が徐々に高齢化していくことを意味しており，無視できないことでしょう。

　また性別の分布を見ると，男性が女性より多いことが分かります。『2001年全国社会階層に関する調査』によると，農村では男性労働者の39.72%が非農業労働に従事していますが，女性の場合は22.63%にすぎません。一方，農業生産に従事している女性は農業に従事している農村労働力全体の47.88%を占めています。[3] これらの数値からも分かるように，農村では男性の方がより多く非農業労働に従事しています。このことからも，農民工の中で男性の割合が女性より高いということが推測できます。また『2004年全国の農民工調査』において，男性が全体の66%となっているということも裏づけとなります。

　しかし近年各地の実態を検証してみると，女性農民工の人数も急速に増えていることが分かります。さらに，職業の特徴により男女の職業分布差も現れています。女性農民工は，特に繊維，飲食，家事サービス業などの職業が多くなっ

第10章　農民工の労働環境と社会保障政策

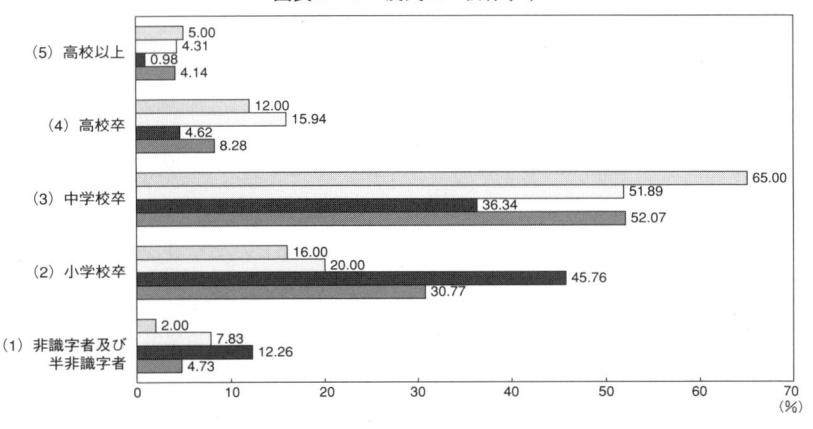

図表10－3　農民工の教育水準

学歴	2000年人口調査に関する農民工	2000年人口調査に関する農村人口	2001年社会階層研究グループにおける農民工	2004年全国農民工に関する調査
(5) 高校以上	5.00	4.31	0.98	4.14
(4) 高校卒	12.00	15.94	4.62	8.28
(3) 中学校卒	65.00	51.89	36.34	52.07
(2) 小学校卒	16.00	20.00	45.76	30.77
(1) 非識字者及び半非識字者	2.00	7.83	12.26	4.73

注：2001年の社会階層グループ調査は全国のサンプル調査です。そのうち，"（4）高校卒"には職業高等技術学校，中等職業専門学校などの中等教育卒の数も含まれます。
出所：陸学芸編『当代中国社会流動』社会科学文献出版社，2004年，309頁，国務院研究室課題組編『中国農民工調研報告』中国言実出版社，2006年，71頁より作成。

ています。他方，建築，製造業では，男性農民工が圧倒的に多いようです。

2）　職業技能訓練と教育状況

　職業技能訓練と教育状況についてみると，全体的まだ低い水準にとどまっています。2004年，職業技能訓練を受けた農民工の割合は2001年の17％から28％まで上昇しましたが，受けていない農民工が70％以上存在します。
　図表10－3は，近年の全国調査による農民工の教育水準に関するものです。2000年の農民工の教育水準は，同年度農村人口の平均をはるかに上回っており，農村戸籍労働者の中では農民工の教育水準は相対的に高いです。次に農民工自身について見ると，大半が中学校卒で，高校卒あるいはそれ以上の学歴を持つ者の割合は極めて低比率にとどまっています。2000年から2004年までの4年間，中学校卒は約12.93％増加しましたが，高校卒およびそれ以上の増加率はわずか3.72％と0.86％にすぎません。同様に，2001年と2004年のデータを比較すると，中学校卒は増加していましたが，高校卒は逆に3.94％低くなっています。

2　農民工の労働と生活

（1）　賃金の不払い

　近年中国のマスコミでは，「跳楼ショー」の話題がよく取り上げられます。それは人が高層ビルから飛び降りる自殺行為を指すものです。中でも農民工のケースが大幅に増えており，注目されています。以下のような実例があります。

　2004年2月20日付の『西安日報』によれば，7人の農民工が9,368元の不払い賃金を払ってもらうために，西安市唐都病院の2棟の未完成ビルの屋上から飛び降りようとしていました。最終的には市政府労働管理部門の協力を得て，働き先の建築会社から給料支払いの約束を取りつけたため，悲劇は阻止されたのです。

　2004年7月中旬の午後5時，北京で四川省出身の38歳の男性が妻の働き先のレストランから受け取るべき100元の給料を支払ってもらえなかったため，電柱に登って高圧電線に触れて自殺しようとした事件が起きました。妻や子供，消防局，警察および電力会社の職員らがおよそ7時間をかけて説得したが止めようとせず，ついに停電装置を作動させて彼を強制的に降ろしました。その停電により関連部門は1万元以上の損失を蒙ったと言われます。[4]

　農民工の賃金不払いは，全国の建築業だけでも2001年に2,787億元，2002年には3,365億元を超えました。[5] 2004年の北京市においては，建築業に従事する約70万人の農民工に対する賃金不払いは総額30億元に上ったと推計されています。1人当たりはおよそ4,000元にも達します。[6] この金額は2004年全国農民工の年間平均収入6,471元の61.8％にあたります。

　その原因については，次の点に求めることができます。①農村戸籍を持つ農民工の基本的権利が従来と変わらず軽視されている点。都市・農村の二重構造の浸透によって，市場経済の時代においても都市住民の農民・農民工に対する軽蔑傾向は依然として強く，こうした価値観の歪みが影響していると考えられます。②農民工の労働保護制度や法律整備が遅れていて，企業や個人の違法行為に対する罰則が厳しくない点。③一部の企業は企業倫理が欠落し，既定の労働法規に従わない点。

図表10-4 地域別農民工の主な職種分布（単位：％）

主な職種	全国	東部地域	中部地域	西部地域
採掘業	1.8	1.0	4.3	3.4
製造業	30.3	37.9	14.1	11.2
建築業	22.9	18.3	30.1	37.0
交通運輸と郵政業	3.4	3.2	4.0	3.7
小売業	4.6	4.1	5.7	5.4
宿泊及び飲食業	6.7	5.9	9.5	7.4
社会サービス業	10.4	10.2	11.9	10.0

出所：国務院研究室課題組編『中国農民工調研報告』中国言実出版社，2006年，104頁。

（2） 厳しい労働環境

図表10-4は，国家統計局が2004年に行った調査結果です。

その数値から，2004年には製造業に従事する農民工がもっとも多く，30.3％となっていることが分かります。2002年は22％，2003年は25.2％でしたから，年々増加していく傾向にあります。次いで，建築業，社会サービス業，宿泊および飲食業，小売業の順に多くなっており，それぞれ22.9％，10.4％，6.7％，4.6％となっています[7]。

一方，地域によって農民工の職業分布も異なっています。東部地域では農民工が主に製造業に従事しているのに対して，中部と西部では建築業を中心に働いています。このことは都市部における農民工の仕事が単純な作業に限られていること，したがって彼らは長年働いても技能取得や資格を得ることができない状態に置かれていることを示しています。

次に，農民工の労働環境を見てみます。2004年，全国で農民工の1人当たりの平均賃金は780元／月，平均労働時間は週6.4日，1日9.4時間です[8]。図表10-5は筆者が2005年8月15～30日に中部の地方都市武漢で農民工の労働事情を調査した結果です。

同調査はアンケート方式で，質問は30項目です。質問用紙は185部を配りましたが，回収は150部，回収率は81.0％です。また，空白欄や欠欄の回答用紙を除いた有効回答は136部で，回収部数の90.6％を占めます。

調査対象は武漢市の産業構造を考慮して，第2次産業の工業，建設業，第3次産業のサービス業（飲食業とガソリンスタントなど）を中心に行いました（有効

プラスチック製品のリサイクル作業（清浄と分別）を行っている農民工

回答は120人）。また，街頭の労働者と自営業者に対しても実施しました（有効回答は16人）。

　図表10－5の数値は全国の状況とほぼ一致しており，地方都市においても農民工の労働事情はあまり楽観できない状況にあります。8時間の法定労働時間を超えて働いている農民工が58.0％を占めており，"よく残業する"と"時々残業する"の合計が8割を超えています。彼らの話を聞くと，こうした残業をしても，ほとんど残業代をもらったことが無いということです。

　賃金については，日給労働者はわずか2.2％で，月給労働者が圧倒的に多いようです。賃金水準を見ると，500～800元に当たる農民工がもっとも多く，全体の55.9％を占めています。これは2005年に引き上げられた武漢市の最低賃金460元よりやや高い水準です。他方，21.8％の農民工が200～500元になっていることも注目しておく必要があります。『2005年武漢市国民経済と社会発展統計公報』によると，同年度武漢市の1人当たり可処分所得は904元／月であり，約2割の農民工の月収はその5分の1程度です。

　また労働契約については，調査対象136人のうち，16人の自営業者や非固定職業者を除いた120人中53人が労働契約を結んでいました。全国平均の28.7％よりはるかに高いのですが，状況はそう単純ではありません。ある国有企業の担当者に直接質問したところ，そこで働いている農民工は企業との個人契約ではなく，ほぼ同じ出身地の者が企業と集団契約を結んでおり，中には基本給の規定以外は何も含まれていないということでした。このように労働契約率が高いと言っても，労働法で明確にされた本当の意味での労働契約ではないと指摘

図表10-5　地方都市武漢における農民工の労働事情

項目	選択内容		農民工の人数（人）	調査対象の比率(%)
1日当たりの労働時間	3～5時間未満		2	1.4
	5～8時間未満		14	10.2
	8時間		41	30.1
	8時間以上		79	58.0
賃金	日給		3	2.2
	月給		133	97.7
	賃金水準	200～500元	29	21.8
		500～800元	76	55.9
		800～1,000元	15	11.0
		1,000元以上	13	9.6
残業の有無	よくしている		71	52.2
	時々している		48	35.3
	あまりしない		14	10.3
	したことがない		3	2.2
勤務期間	6ヶ月未満		19	13.9
	1年未満		14	10.2
	1～3年未満		45	33.0
	3～5年未満		22	16.1
	5～10年未満		20	14.7
	10年以上		16	10.2
労働契約の有無	ある		53	39.0
	ない		69	50.7
	分からない		14	10.3
合計			136	100.0

出所：筆者作成。

できます。

　以上見てきた通り，全国的にも，地域都市でも，農民工は主に建築業，サービス業など低技能労働に従事していることが分かります。そして彼らは常に都市部の労働者より長時間労働を強いられ，低賃金しか得られていません。労働期間も短く，就労は不安定で流動的です。さらに労働契約の締結率は実際に低く，労働法の規定が適用されないため，都市労働者の労働雇用制度から実質的に排除された状態に置かれています。

（3）悪い健康状態

　農民工の健康状態は公衆衛生による予防，職業安全衛生，医療サービスの利

用体制などと深く関係しています。公衆衛生による予防については，農民工の伝染病発生率が高く，それをもたらした疾病予防システムの欠陥が一番の問題になっています。

1990年代から全国で法定伝染病状況報告システムが設けられましたが，農民工を対象として分類していないため，それに関する全国データはまったく把握できません。一方，各地域の調査では，農民工の法定伝染病発病率が当該都市の住民よりはるかに高いことがよく取り上げられています。例えば，1993～1999年の上海市において，農民工を含む外来人口の伝染病発病は年々上昇し続けていました[9]。また，農民工自身だけでなく，彼らと一緒に出稼ぎに出た家族も，健康面で多くの難題を抱えています。

近年，職業安全衛生関連の政策が相次いで出されていますが，農民工を対象とした実施はほとんど空白状態のままです。2004年の全国資料によると，職業病を抱えたまま危険な作業を行っている農民工が292万人に上ります。健康診断を行っていない企業と職業衛生訓練を受けていない企業は企業全体の28.43％と20.95％を占めています[10]。2005年1～9月，衛生部は重大職業病事故事件報告を合計36件受理しました[11]。これらの報告によると，中毒患者は584人，そのうち死亡者が49人で，中毒患者のほとんどが農民工でした。また，2006年，労働災害で死亡した労働者は13万6,000人にも達しています。特に鉱山採掘，建築現場，危険化学薬品といった農民工が集中する3つの業界においては，農民工の死亡者数が全死亡者数の80％以上を占めています。

さらに，農民工は現行医療サービス制度の利用率が極めて低いという問題も存在します。医療費が年々高騰しているため，低収入の農民工は病気になっても，できるだけ医療機関や医療施設の利用を避けています。2004年の研究調査では，病気になっている農民工のうち，25.44％は医療機関を利用しましたが，73.15％は薬局や手持ちの薬を飲んで済ませていました。

次いで農民工の栄養状態を見てみます。衛生部は2004年11月1～7日を食品安全法のキャンペーンウィークとし，そのテーマを「農民工の食品安全に注目しょう」と決めました。これで農民工の食品安全や健康問題が，初めて国民の前に現れてきました。

農民工はほとんど安い服を着て廉価な商品を買い，粗末な食事を食べて暮らしています。建築現場の包工頭（農民工を直接管理する支配人）は個人の利益を

追求するあまり，もっとも安い米と野菜を仕入れて，農民工に食べさせています。そのため，農民工の食生活も厳しく制限されています。

北京市の城北区にある建築現場では，包工頭が農民工24人全員の食事に使う食事代は1日当たり30元を超えてはいけないと決めているようです。そのため，厨房の張さんは市場で一番安い米と野菜を購入しなければなりません。これにとどまらず，包工頭はまた農民工の給料から1日当たり2元の食事代を天引きしました[12]。このように，農民工は最低限の食生活すら保障されていない状況です。

3 農民工の社会保障制度

(1) 都市社会保障制度の現状

現在の中国の社会保障制度は，基本的に都市部と農村部で異なっています。制度的に言えば，都市部で働く農民工に適用する社会保障はほとんど整備れていません。都市部では国有企業以外に適用対象を拡大して問題を解決しようとする動きがありますが，農民工の社会保障問題は解決されないままで，ほとんど空白の状態が続いています。

まず社会扶助の中心となる最低生活保障制度を見てみますと，武漢市においては2005年末の時点で最低生活保障の給付を受けた世帯は1万3,805世帯で，都市戸籍人口の6.9％にあたります[13]。今回，筆者の調査では，最低生活保障の給付を受けている世帯はゼロという結果が出ました。61.8％の農民工は同制度の存在を知っているにもかかわらず，制度が適用されないという事実を仕方なく受け入れています。彼らは，「我々は農村からの人だから，都市部の人と違って，仕方ないね」と言っています。各都市で実施されている最低生活保障制度は，都市戸籍人口を給付対象としています。農民工は都市労働者と同じように就労でき，同じように最低生活保障制度の対象とならない限り，病気，失業によって生活上の困窮に陥ることは避けられません。

また社会保険制度に関しては，筆者の調査によると図表10-6のようになりました。農民工の各制度の加入率は，養老年金保険が一番高く14.0％，医療保険5.9％，失業保険2.9％，労災保険2.2％，生育保険0.7％となっています。2005年武漢市都市戸籍人口の社会保険加入率を見ると，養老年金保険36.5％，医療

図表10-6　農民工の社会保険加入状況

項目		合計	加入中	聞いたことがあるが, 加入していない	聞いたことがない
養老年金保険	人数（人）	136	19	92	25
	割合（%）	100.0	14.0	67.6	18.4
医療保険	人数（人）	136	8	105	23
	割合（%）	100.0	5.9	77.2	16.9
労災保険	人数（人）	136	3	75	58
	割合（%）	100.0	2.2	55.1	42.6
生育保険	人数（人）	136	1	67	68
	割合（%）	100.0	0.7	49.3	50.0
失業保険	人数（人）	136	4	81	51
	割合（%）	100.0	2.9	59.6	37.5

出所：筆者作成。

保険35.4%，失業保険17.3%，労災保険6.1%でした[14]。都市戸籍人口の社会保険加入率はまだ低い水準にとどまってはいますが，それに比べ，農民工の社会保険加入率は極めて低いことが分かります。

（2）土地の生活保障機能

改革開放以降の農村では，生活，就労，養老，医療の主体は村と人民公社から各家庭へと変わってきました。それに伴って，土地が生活保障の根幹になっています。土地保障と社会保障の機能は同一ではありませんが，土地保障が社会保障の役割を代替することは可能です。つまり土地は一種の生産財として，土地から収穫した農産物を交換して農民の生活を保障する機能を持っていると考えられます。

しかし，一部の農村地域では，農業経営の収益が低いため，土地の生産機能が退化あるいは失われて，農村住民の生活保障という役割を果たせなくなっています。その理由として次の点が挙げられます。

図表10－7　耕地面積の推移

	1996年	2000年	2001年	2002年	2003年	2004年	2005年
全国耕地総面積 （万ヘクタール）	13,003.9	12,823.3	12,761.5	12,593.0	12,339.2	12,244.4	12,208.2
１人当たり耕地面積 （ヘクタール）	0.106	0.101	0.099	0.098	0.095	0.094	0.093

出所：国家環境保護総局公式ホームページ（http://www.swpa.gov.cn）各年度の「中国環境状況公報」より作成。

①農業経営の収益が極めて少ない

　小規模、分散型経営を中心とする農業においては、先進的な科学技術の応用は難しく、生産性を引き上げることも不可能です。ある研究調査によると、2005年、土地からの収益は半数以上の農村家庭で世帯収入の５分の１を占めており、消費支出額の4.3％にすぎません。[15]

②農業に対する国の補助金が少ない

　現在多くの国では農業保護のために多額の補助金を与えています。一方、中国政府もようやく2006年に農業税を廃止し、農業補助金も与え始めました。もちろん、短期間のうちに農業補助金が大幅に引き上げられることは不可能と思われます。

③耕地面積が年々減少していること

　図表10－７が示すように、1996年から2005年までの９年間、全国の耕地面積は795万7,000ヘクタール減少し、2005年には１億2,208万ヘクタール余りとなりました。それに伴って、１人当たりの耕地面積も徐々に減り、今では世界平均の半分以下にすぎません。建築用地や工場用地から高い利潤を得られるため、地方政府も歓迎の姿勢を示しています。その結果、近年、土地を失った農民の数は専門家の予測を超えて大幅に増えており、2,000万人以上に達しています。

４　農民工社会保障政策のゆくえ

（１）　３つのモデル

　1990年代末、いくつかの都市では、農民工の社会保障制度に関する模索が始まりました。その背景には、従来国有企業の労働者に限られていた都市部の年金保険制度が、1999年から非国有企業へと適用対象を拡大するという方針が打

ち出されたことがあります。そして浙江省，上海市，広東省などの地域において，農民工を都市部年金保険制度の加入者とする試みが行われました。こうした各地の実施内容から，農民工に関する社会保障制度の構築を主に農村モデル，都市モデル，独立モデルの3つに分けることができます。以下では，この3モデルのそれぞれの特徴を簡単に説明します。

1）農村モデル

　出稼ぎ労働の特徴を考えると，多数の農民工は一定期間就労して，何年後に農村に戻ると推測されます。1992年，民政部は「県級農村社会養老保険基本案（試行）」を公布しました。そこでは，農村養老年金保険の対象を"非都市戸籍，国から商品食糧を供給されていない人々"とし，さらに"他の地方へ出稼ぎにいく労働者は原則として戸籍所在地で養老年金保険に加入する"と定めています。この場合，農民工がもし農村に帰りたくなければ，農村養老年金保険の加入は実質的に無意味となります。

　最近，農民工の都市定住傾向に関する実証調査では，戸籍制度の規制があるにもかかわらず，47.05％の農民工が今後も都市部で長期にわたって定住するという傾向が示されています。[16] 都市化の進展に伴い，農民工は都市部で長年住み，職業や生活も徐々に安定してきたことで，農業生産活動を相当数の人が放棄するようになりました。特に若年農民工にとっては農村で生まれたと言っても，農業生産の経験がまったく無く，大多数は将来農民になりたいという希望を持っていません。さらに，ある研究によれば，都市部で失業の状態に置かれても故郷に戻ることを選択する農民工はわずか14.6％しかありません。[17] 都市部の定住を希望する農民工にとって，農村養老年金保険の加入は当然重要な選択肢になり得ないのです。

　また前述したように，経済活動の拡大が引き起こした環境破壊や建築ラッシュによって，農村の土地は年々減少します。それに伴い，土地を失って都市部へ出稼ぎに出る農民工は事例調査で半数を超えています。したがって，農民工が農村地域で社会保険料を支払うことは現実ではないと言えます。さらに農村社会保障制度の現状を見れば，労働と生活がすでに分離している農村地域において，農民工の権利を現行社会保障制度で守ることは不可能だと考えられます。

第10章　農民工の労働環境と社会保障政策

図表10-8　農民工社会保険制度の3つのモデル

	地域	時期	関連法規	特徴
農村モデル	大多数の地域	1992年	民政部県級農村社会養老保険基本案（試行）	農村社会養老保険の加入
都市モデル	広東省	1998年	広東省社会養老保険条例	都市部の社会保険制度の適用
		2000年	広東省社会養老保険条例実施細則	
		2000年	広東省失業保険条例	
独立モデル	北京市	2001年	北京市農民工養老保険暫定方法	独立した総合型社会保険の加入
		2004年	北京市農民工労災保険加入暫定方法	
		2004年	北京市農民工医療保険加入暫定方法	
	上海市	2002年	上海市外来人員総合保険暫定方法	
	成都市	2003年	成都市非都市戸籍労働者総合社会保険暫定方法	

出所：郭金豊『城市農民工人社会保障制度研究』中国社会科学出版社，2006年，163～165頁などより作成。

2）都市モデル

広東省は，このモデルの代表です（図表10-8）。広東省は1998年から農民工を都市部の社会保障制度（養老年金保険と失業保険）へ積極的に受け入れて，彼らに都市部の労働者と同じ制度を適用しています。その背景には次のような思惑があります。

①都市部における膨大な年金給付の圧力をある程度緩和すること。

②既存の社会保険制度加入によって管理コストを削減すること。

他方で，農民工が都市部の社会保険に加入する場合，財政難という新たな問題も生じます。都市労働者と比べ，農民工は職業が非常に不安定で，収入も少ないため，都市労働者の実態に応じて作られた社会保険は彼らに相応しくない結果になりかねません。

3）独立モデル

図表10-8の北京市，上海市と成都市はこのモデルにあたりますが，制度の仕組みはそれぞれ異なっています。そのうち，上海市と成都市は，都市部の社会保険制度以外に，農民工のみを対象とする独立した労災保険，医療保険，養老年金保険を打ち出しました。それはこの3つの社会保険料を一括して徴収する総合型社会保険制度です。

上海市は3つの社会保険についてそれぞれ保険料率を定めており，医療保険

農民工の権益保障を呼びかけるプロパガンダ

と労災保険は7.5％，養老年金保険は5％で，合計12.5％となっています。総合型社会保険制度の最大のメリットは，保険料をまとめて徴収し，統一の社会保険基金を作ることができる点です。そのため，保険料徴収のコストも削減することが可能です。上海市では制度実施して2年後の2004年9月1日より，医療保険と労災保険は7.5％から5.5％，養老年金保険は5％から7％へと変更しました。2005年7月の時点で，上海市では1万人以上の農民工が労災保険の給付を受け取り，7,000人が入院医療サービスを受け，120万人が年金（中国語で老年補貼と呼ばれる）を受給しました。また同年末までに，総合型社会保険の加入者は247万6,500人にも達しました。[18]

一方，北京市は総合型社会保険ではなく，都市部の社会保険制度を基に，項目別に農民工の社会保険，つまり，分別型社会保険制度を設けています。

（2） 3本の保障線

3つのモデルをめぐってさまざまな議論がありますが，現段階では独立モデルが農民工の社会保障制度の推進にもっとも適切ではないかと思われます。というのは，このモデルは他のモデルより，全国で社会保険の適用範囲を緩やかに拡大することができる同時に，都市部の社会保険の財源負担を農民工が背負わなくて済むため，比較的農民工の利益につながるからです。また，このモデルは社会全体で広がってきた都市部と農村部の経済格差，都市労働者と農民の所得格差を緩和する1つの手段ともなりうるものです。

2004年，中央政府は調和社会の構築という目標を打ち出しました。経済発展と社会的安定を維持するためには，弱い立場の人々の権利を守らなければならないことがそこには明示されていますが，一連の政策が実施されても，農民工の労働環境と生活水準はあまり変わっていないのが現実です。前述したように，農民工の困窮は，社会保障制度の欠落，劣悪な労働環境，脆弱な生活基盤（健康，住宅，栄養，子ども教育など）といったさまざまなところから現れています。

では，農民工はどのような社会保障政策を必要としているでしょうか。筆者

は社会学の研究者李強が提起した"3本の保障線[19]"は有効だと考えています。

その1つは，農民工の生存権を守るための最低生活保障制度の構築です。そのためには，都市住民最低生活保障制度の適用対象を農民工へ拡大することが必要です。ほとんどの都市では農民工を最低生活保障制度から排除していますが，最近農民工にも適用させる都市も出てきています。生活が困窮している農民工にも食事や住居を提供しなければなりません。

2つ目は，農民工の労働環境を整えると同時に，無料の公共職業訓練施設の設立です。都市部の労働者と同様，農民工も公共職業訓練施設を無料で利用でき，丁寧な指導を受けられるようにしなければなりません。

3つ目は，働いている農民工のために，労災保険，医療保険，養老年金保険を含む社会保険制度を構築し，将来的に都市部の社会保障制度へ移行することです。その際，住宅供給，子育て支援などの社会政策や公的サービスも必要となります。

農民工は都市の経済成長から市民の日常生活まで，さまざまな場面で都市機能を支えています。彼らの存在は経済の持続的成長に必要不可欠です。農民工は果たして都市労働者の新たな一員になれるか，社会保障政策の構築がもっとも重要な決め手になるでしょう。

注
1） 大川健嗣『出稼ぎの経済学』紀伊國屋書店，1994年，7頁。
2） 国務院研究室課題組編『中国農民工調研報告』中国言実出版社，2006年，1頁。
3） 陸学芸『中国当代流動』社会科学文献出版社，2004年，365～366頁。
4） 王穎『中国農民打工調査』中共中央党校出版社，2005年，249～250頁。
5） 同前書，241頁。
6） 国務院研究室課題組編　前掲書，204頁。
7） 国務院研究室課題組編　前掲書，104～105頁。
8） 国務院研究室課題組編　前掲書，72頁。
9） 国務院研究室課題組編　前掲書，236～237頁。
10） 国務院研究室課題組編　前掲書，239頁。
11） 新華ネット，http://www.xinhuanet.com
12） 隋暁明『中国民工調査』群言出版社，2005年，92頁。
13） 蘇建平編『武漢市情2006』武漢市統計局，2006年。
14） 同前書。

15) 郭金豊『城市農民工人社会保障制度研究』中国社会科学出版社，2006年，75頁。
16) 同前書，159頁。
17) 李強「城市農民工的失業与社会保障問題」『新視野』2001年第5期。
18) 胡務『外来工総合社会保険透析』四川大学出版社，2006年，2〜6頁。
19) 李強『農民工与中国社会分層』社会科学文献出版社，2004年，213〜215頁。

第10章　農民工の労働環境と社会保障政策

コラム

農民工村の再建

　1990年代から，大量の農民工は都市部になだれ込み，各大都市に農民工村と呼ばれる農民工専用の居住地が現れました。それぞれの名称はほとんど集まって暮らしている農民工の出身地にちなんで付けられています。例えば，北京市の"浙江村"，"河南村"などは，浙江省と河南省から来た農民工が居住する区域となります。

　関連研究によれば，このような農民工村の住民は大体似たような職業に従事しています。例えば，"河南村"の農民工はほとんど河南省の出身で，ゴミ拾い職に集中しています。

　一方，これらの地域では生活環境の無秩序や悪化など問題が多く，都市のコミュニティの設立基準に満たされていないため，大部分の都市政府は農民工村の出現に対して否定的態度を取り，排除する政策を講じています。

　しかし，近年，一部分の研究では，農民工村の存在が農民工の権益保障や彼らの都市部における社会関係の構築において重要な役割を果たしていることが次のように指摘されました。①農民工村の再建は，農民工の関連政策を実施するための土台を提供することになります。②農民工村の再建は，農民工村と都市空間の調和や，農民工と都市住民の交流を促進し，都市の政府と住民からさらなる理解と支持を得ることになります。農民工を都市生活に融合させ，都市住民の理解を高めることによって，農民工の犯罪率を減らすことも期待できるでしょう。③農民工村の再建は，既存の社会資源を有効に活用し，相互の情報交流を増やし，集団内部の団結力を高めることになります。これらは農民工の基本的権益を守る前提でもあります。

　もちろん，農民工村を再建するために，農民工の就労と居住の流動性と地域性，および農民工に対する制度上の社会的排除，さらに農民工の弱い社会的立場といった問題を乗り越えなければなりません。

　2002年，国連教育科学文化機関（ユネスコ）と中国社会科学院は農民工の貧困解消という共同研究において，農民工村の3つの再建策を提起しました。その1つは農民工流出地をベースとする再建策，2つは共通の文化意識をベースとする再建策，3つは居住地をベースとする再建策です。その狙いは，農民工村の再建を通じて，農民工の組織力を高め，社会ネットワークを広げることで自らの権利を守ることです。

　ここでは，3番目の居住地をベースとする再建策について大連市の取り組みを簡単に紹介します。

　2001年初頭，農民工の犯罪率を減らすために，大連市の公安部門が農民工宿舎の建設に着目しました。それは，農民工は分散的に居住しているため，基本的な法律知識の習得や，関連政策の実施などに支障を来していることが多々あるからです。一方，市政府も農民工の問題に注目し，農民工宿舎の建築資金の投入を誘致するために，税金の免除や，低価の光熱費といった措置を打ち出しました。さらに，2003〜2004年において，市政府は農民工宿舎の建設以外に，農民工を対象とする知識訓練を行い，法律相談サービスを提供していました。2004年には農民工宿舎が51ヵ所完成しました。と同時に，同市の農民工犯罪も大幅に減少したようです。

第11章 農民工の子ども教育

1 義務教育と農民工の子ども教育

(1) 義務教育の体系

　農民工の基本的権利について考える際，もっとも注目されている問題の一つは，農民工の子ども教育です。

　農民工の行動は，単身出稼ぎ世帯から家族出稼ぎ世帯へと変化してきます。仕事先の地域で，彼らの子どもたちはどんな教育を受けているのか，また子どもたちは将来農民工になりたいと考えているのか，この章では，親と一緒に出稼ぎ先の都市で生活している流動児童とそのまま出身地に残って暮らしいる留守児童をそれぞれ取り上げ，農民工の子ども教育の実態およびその対策を明らかにします。

　現在，中国の教育制度は普通教育（学校教育），職業教育，成人教育の3つの領域に分けられています。図表11-1は，2004年における各領域の規模を示しています。2005年には全国の小学校だけでも学生が1億864万人，専任教師が559万2,500人となり，小学校学齢児童の就学率は99.15％に達しました[1]。

　中国の義務教育は，日本と同じように初等教育と中等教育からなり，一般的に小学校6年，中学校3年のあわせて9年制です。少人数の地域では小学校5年，中学校4年という形もあります。カリキュラムは国語，数学，自然，社会，体育，音楽，美術を各学年で開講しています。

　1990年代末からのカリキュラム改革によって，総合実践活動（日本の総合学習）が設けられるようになりました。また小学校3年生から外国語（英語）の導入が行われ，都市部の一部の小学校では，1年生から英語教育を実施しているところも少なくありません。他方，農村部では，英語を教えられる教員が不足するため不可能な状態が続いています。

　日本の小学校と比較して，中国の小学校はいくつか異なる点があります。

図表11-1　2004年全国の教育状況

領域	教育機関	学校数（カ所）	在籍学生数（人）	専任教師数（人）
普通教育	小学校	394,183	112,462,256	5,628,860
	普通初級中学校	63,060	64,750,006	3,476,784
	普通高級中学校	15,998	22,203,701	1,190,681
	高等普通教育（大学本科・専科）	1,731	13,334,969	858,393
職業教育	職業初級中学校	697	525,134	23,680
	普通中等専門学校	3,047	5,544,733	197,084
	職業高級中学校	5,781	5,169,246	270,612
	成人中等専門学校	2,742	1,033,488	75,758
	技術学校	2,884	2,345,000	165,000
成人教育	成人小学校・識字学校	69,452	3,841,913	43,329
	成人初級中学校	1,980	487,796	4,993
	成人高級中学校	955	193,693	6,216
	成人高等教育（大学本科・専科）	505	4,197,956	86,065

出所：中国研究所編集『中国年鑑2006』創土社，2006年，357頁より作成。

①教科担任制

日本の小学校では担当教員が1人でほぼ全科目を担当するのに対して，中国の小学校では国語，数学などの科目ごとに担当教員が異なるという教科担任制を採っています。ただし，農村では教員が不足しているため，1人の教員が全科目あるいは複数学年の生徒を教えていることもあります。

②学校給食

日本の学校給食についても，中国では統一して実施する制度が無く，生徒の多くは近くにある自宅に帰って食べるか，または祖父母に面倒を見てもらっています。そのため，学校の昼休みが12時から14時までの2時間になっています。

小学校から中学校へ進学する際は入学試験が行われていましたが，最近では廃止する方向にあり，基本的には学齢児童が住んでいる自宅から近くにある，指定された中学校に進学することになっています。ただし，中学校が不足している地域や重点学校に進学したい場合には，激しい受験戦争が避けられない状況にあります。2003年の統計によれば，中学校の就学率（12～14歳の年齢層に中学校在籍生徒が占める割合）は94.1%です[2]。

中国における義務教育の発展過程についてみると，1982年の憲法では義務教

育を実施する規定が正式に明記されました。そして1986年に義務教育法が公布され，全国で9年制義務教育の実施が始まりました。それから一連の改革は，社会主義市場経済への移行とともに行われ，教育制度も急速に改善されつつありました。

　第7次5カ年（1986〜1990年）計画の期間には，教育に関する立法は201項目に及びました。1995年には教育法が公布されました。この法律は教育総合法の性格を持つものであり，従来の9年制義務教育の実施，教育行政の地方分権の促進とともに，生涯教育の大枠構築が明記されたことが注目されています。

（2）　義務教育制度の欠陥

　このように義務教育の発展は20年以上にわたって，一連の法規の制定によって大きな成果を収めました。2000年，9年制義務教育はすでに総人口の80％を占める地域まで普及しており，全国の非識字率は6.72％まで低下しました。

　しかし現実には，義務教育段階にある児童の失学問題が深刻になっています。失学とは，義務教育段階にある学齢児童が何らかの理由で受けるべき教育を受けられない状態を指します。その多くは経済的理由によるものと考えられます。2000年の全国人口調査と教育統計によれば，全国の小学校段階での失学者は約354万人，中学校段階での失学者は734万人に達しています。また2001年に公表されたように，全国中学校の卒業率を75％と計算すれば，毎年500万人にも及ぶ学齢児童が期限通に卒業できず留年や中退といった状況にあると推測されます。

　特に地域間に格差があり，教育の発展が遅れている地域や省では，期限内に卒業できない割合が非常に高く，チベットでは中学校の期限内に卒業できる比率が25％，貴州省が48％，寧夏回族自治区が49％，甘粛省と青海省が52％にすぎません[3]。また，ある調査結果によれば，農村地域の中学校では学生の流失率が40〜50％を超えています[4]。

　このような義務教育の失学問題は，主に低収入の家庭が義務教育の費用負担に耐えられないことが原因の一つと考えられます。2000年に国家統計局が行った貧困県の学齢児童に対する調査は，学齢児童の失学の理由を取り上げています（図表11-2）。"お金が無い"と"学費が高い"という回答が高い割合を占めています。義務教育にかかる費用が高いため，失学に至ったことが明らかにな

図表11-2　学齢児童の失学の理由

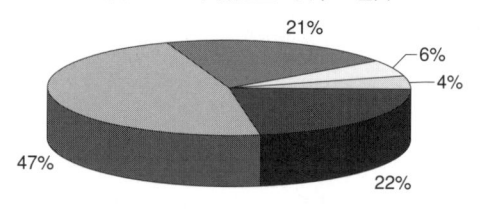

21%　6%　4%　22%　47%

■お金がない　■行きたくない　□学費が高い　□学校が遠すぎる　■その他

出所：中国統計局農村社会経済調査総隊編『2001中国農村貧困監測報告』中国統計出版社，2001年，123頁。

りました。

　世界各国で実施されている義務教育は主に2つの特徴を持つと言われます。1つは強制的で，もう1つは学費免除です。中国の義務教育法では，「国家は義務教育を受ける学生に対して学費を免除する」という規定を定めています。しかし政府の運用資金の不足により，学費を免除することが事実上不可能になっています。

　義務教育への資金が不足するため，以下のような問題が起こっています。

①教師の給料延滞

　中央省庁である教育部の統計によれば，2000年4月まで，全国22の省・自治区・直轄市における教師への給料未払いは総額76億6,800万元に達しました。

②学校施設や整備の不足

　教育資金の不足によって，一部の地域では義務教育の施設を整備することができず，中西部の農村地域では小中学校の「危房（危険校舎）」が数多く存在します。

③農村義務教育資金の不足

　1995～1999年の5年間，全国の義務教育への投入資金総額が6,944億元ですが，そのうち政府の投入額が3,713億元，残りの約半分は農民の負担となっていました[5]。近年，農村の税・負担金制度改革によって教育付加などの費用が徴収できなくなったため，義務教育資金の不足は一層深刻になっていると思われます。

　こうした義務教育の財政における構造的な問題は，各家庭に重い負担をかけることになりました。公共サービスである義務教育は，通常，政府資金の投入

が中心であり，中国政府も50〜60%の財政負担を担っていますが，その他の40〜50%は農民・企業・生徒の保護者からそれぞれ徴収しています。

他方，義務教育でない高等教育に対しては，国は70%以上の資金を投入しています。それは義務教育より高等教育を重視する方向を示しており，義務教育を重視する教育法規に逆行していると言えます。

バイリンガル教育を行っている私立幼稚園

（3） 農民工の子ども教育の社会的背景

農民工の子ども教育は農民工自身の変化などと緊密に関連しているため，その社会的背景を考えなければなりません。

その変化の一つは，農民工の規模が年々大きくなっていることです。2004年には農民工の数は1億2,000万人に達しています。農村人口は短期間に減少しているわけではありませんが，年間900万〜1,000万人の農民工が農村から都市へ移動していると推測されます。

もう1つは農民工の移動が長期化し，単身赴任から家族を伴いながら移動するというスタイルへと変化していることです。市場経済化の加速および緩和されつつある戸籍制度などから影響を受けて，都市部での農民工の滞在は長期化，安定化する傾向が見られます。農業の不景気により農業生産だけでは生活ができなくなったことに加え，単身赴任の農民工が，都市と農村の間を往復するより家族と一緒に住む方が家庭的，経済的で，利点が多いと考えるようになったことから，妻や子どもを連れて都市部で暮らすようになってきました。北京市の386万6,000人に及ぶ流動人口のうち，14歳未満の少年・児童が9.9%を占めており，およそ40万人に達しました。全国のデータによれば，2003年には家族と一緒に住む農民工は2,430万人もおり，農民工全体の21.3%を占めています。

学齢児童を持つ農民工はさまざまな問題に直面しますが，図表11-3にあるように，農民工の学齢児童は2つに大別されます。1つは農民工の親と一緒に都市部で暮らす児童であり，親の仕事は流動性が高いので流動児童と呼ばれます。もう1つは，片方の親と一緒か，または子どもだけ農村部に残って生活す

図表11-3　農民工の子どもの分類

限定対象	名称	規模（万人）	戸籍所在地	生活および教育を受ける地域	親との居住関係
学齢児童（通常6〜14歳）	①「流動児童」	660	農村	都市	同居
	②「留守児童」	2,290	農村	農村	同居／別居

出所：国務院研究室課題組編『中国農民工調研報告』中国言実出版社，2006年，229頁，第5回全国人口調査データより作成。

る児童で留守児童とも呼ばれます。

では，この2つのタイプの学齢児童には教育上，それぞれどのような問題が生じているのか，次に検証してみます。

② 流動児童の教育

（1） 関連政策の変化

2000年の全国人口調査のデータによれば，農村戸籍の流動児童は全国で約1,500万人に上ります。そのうち，義務教育段階にある6〜14歳の学齢児童は660万人で，44％を占めています。彼らは主に小学校段階の児童です。国務院婦女児童活動委員会の調査では，流動児童のうち学校に通っていない者が6.85％，失学者が2.45％をそれぞれ占めています。

中国の義務教育法は，「学齢児童は義務教育を受ける権利があり，親は学齢児童に教育を受けさせる義務があり，国家は義務教育の条件を提供する義務がある」と明らかに定めています。この規定は計画経済体制の下で人々の移動を規制してきた戸籍制度をベースに作られたもので，義務教育は戸籍所在地の政府が責任を負うこととなっています。

しかし市場経済体制の導入によって，人口の大移動が始まりました。従来の義務教育制度は農民工の子どもを都市部教育体制の枠組みから排除してきたため，義務教育法の権利規定は現実と乖離してしまいました。つまり流動児童は，義務教育を受ける権利が保障されないという現実が生じたのです。

こうした義務教育の普及の阻害要因にもなっている問題を解消するために，国家教育委員会が一連の政策を出しました。1996年4月，国家教育委員会と公安部は，「都市流動人口中の学齢児童の就学方法（試行）」を公布しましたが，

その後1998年3月には，流動児童少年就学の暫定方法を正式に公布しました。この中には，これまで言及されなかった流動人口の学齢児童・生徒に対する転入先の政府関係部門の責任が明記されました[7]。

　2001年，国務院基礎教育改革と発展に関する方針は，流動児童の義務教育の問題をもっと重視し解決しようとして，農民工の子ども教育について以下の方針を打ち出しました。つまり流動児童の就学は主に転入先で行うこと，しかも主に全日制公立小中学校に入学させるということです。そして，多様な方法を通じて，流動児童の義務教育の権利を保障することを求めました。このことは流動児童の教育に対する政府の方針が，転入先における入学の規制から入学の受け入れへと大きく転換したことを示しています。

　2003年には国務院が教育部，公安部，発展改革委員会，財政部などの中央省庁に対して農民工子弟の義務教育に関する意見を通達しました。同意見は転入先の政府に対して，流動児童に教育を受けさせる責任を負い，主に全日制小中学校に入学させることを改めて求めました。これを受けて，2006年6月には義務教育法が改正され，転入先の政府が流動児童に義務教育を受けさせる責任を負うことが正式に法律によって定められました。

　こうした一連の動きを受けて，流動児童が転入先において義務教育を受ける具体的な方法は，①公立学校への借読（学校を借りて勉強すること），②貴族学校のような私立学校への入学，③非公式の民工子弟学校への入学という3つに整理されました。

　次に大部分の農民工が利用する借読と民工子弟学校について紹介します。

（2）　公立学校での借読

　これは，1992年に国家教育委員会が公布した義務教育法実施細則に遡ります。そこでは，学齢児童・生徒で戸籍所在地以外の地域において義務教育を受ける者は，戸籍所在地の県級あるいは郷級教育部門の許可を受けて，居住地政府の関連規定にしたがって借読の申請ができると規定しています。しかし，前述したように，義務教育の経費は全額政府負担ではなく，授業料の一部と雑費が保護者の負担となり，しかも都市戸籍以外の児童・生徒はカウントされないため，農民工の子どもが義務教育を受ける場合，学費と雑費に加えて，借読費を公立学校に支払わなければなりません。

1992年の制度施行当時，借読費は1学期1人につき小学校120元，中学校200元が基準とされました[8]。しかし，地域や学校によってその金額は異なっていたのです。1998年，上海市では平均1学期400元でした。有名で評判が良い学校では，高額の借読費に加えて別の名目の寄付金も支払わされます。2003年北京での調査によれば，農民工の子どもが北京の公立学校に入る場合，学費・雑費以外に，毎年2,000～5,000元の寄付金と1人1学期600元程度の借読費を支払っています[9]。さらに各学校では制服購入，映画鑑賞，課外活動や補習クラスなどにも毎年費用がかかります。農民工の半数以上は月500～800元の収入（2005年）なので，物価が高い都市部では生活費より子どもの教育費の方が大きな負担となっています。

　そういう意味で，公共サービスである義務教育を受ける権利が，都市部に住む低収入の農民工の子どもには実質的に保障されていないと言えます。

　一方，借読は都市住民の立場にも深く関わっています。学校は独自の判断で，農民工の子どもに対して当該地域の他の子どもと同じように義務教育を提供するとしても，その学校に子どもを通わせている都市住民から反発がよく出ます。

　その理由の一つは，農民工の子どもは都市に来るまでに農村の学校教育を受けていたため，学力が都市部の子どもより低く，また，農村と都市の衛生環境や生活習慣さらに言語発音（地方方言もある）なども違うので，学校の教育活動と都市住民の子どもに悪影響を与えるのではないかということです。また農民工の子どもは公立学校に入っても，都市出身の生徒から冷たく扱われがちなので，公立学校に入りたくないという気持ちも生じています。

　このような経済的および社会的理由から，農民工は子どもの教育機関を選択する時，ほとんど民工子弟学校を選ぶようになりました。

（3）　民工子弟学校の登場

　民工子弟学校は文字通り，農民工の子どもを対象とした非公立の簡易学校を指します。その多くは小学校です。一般の学校と比べ規模が小さく施設が粗末で，主に都市の中心部から離れた，多くの農民工が集中する区域または市街地と郊外の隣接地域に設けられているという特徴があります。例えば，北京市の朝陽区，海淀区，豊台区，上海市の徐匯区，長寧区などの地域がそれに当たります。

農民工の子ども教育に対するニーズが急速に高まる中で，1990年代初頭に北京や上海のような大都市では，最初の民工子弟学校が自発的に設立されました。1998年以降は学校数が増え続け，発展段階に入りました。1999年4月の時点で，北京には民工子弟学校が114カ所あり，生徒数は

民工子弟学校"学前班"の教室

およそ1万700人に達しました。全国の学校数は明らかにされていませんが，新聞報道によれば，北京には300校（2004年），上海には500校（2001年）あるとされています。また，ある推計によれば，北京では農民工の子どもの30％，上海では60％が民工子弟学校に通っています。全国にはおよそ200万〜400万人の農民工の子どもがこのタイプの学校に通学しているというのです[11]。

さらに，ある研究では経営主体や学校の性格に注目して，上海の民工子弟学校を次の3種類に分けています。

①農民工出身地の政府教育委員会が主導して転出地に設置したタイプ。

②個人が設立したもので，政府教育委員会がなんらかの形で（例えば，教科書や試験の問題用紙などの提供）協力しているタイプ。

③個人経営の塾のタイプ。ただし，③については，地方政府の協力がなく，卒業の認定も得られません。

こうした上海市の民工子弟学校の状況は，全国的にも見られると考えられます。ここには，民工子弟学校が農民工の子ども教育の問題を解決するという当初の発想から，徐々に市場化へと向かいつつあることがうかがえます。

（4）流動性の高い民工子弟学校

流動児童を対象とする民工子弟学校の大きな特徴は，教員，生徒，さらに学校自体も流動性が非常に高いことです。

広州市政府の特約教育監督員は，民工子弟学校について「ほとんどの学校は教学条件が不十分で，設備が粗末なため，公立学校より圧倒的に劣悪な状態です。教員全体は不安定かつ無資格で日々の教育を行っています。教育の質が低く，主に識字と子どもの管理を中心に機能している」と述べています。このよ

恵まれた環境にある公立小学校

うな民工子弟学校は，当該地域における流動児童の70％を受け入れています。

　公立学校の教員が教師免許の資格を持っているのに対して，民工子弟学校の教員はほかの地域から来た民弁教師[12]，退職教員や教師免許を持たない人が少なくありません。寧波市教育局の調査では，当地域の民工子弟学校の教師のうち，教員資格を持つ比率は30％にすぎません。教師は大勢の生徒を受け持ち，煩雑な仕事をさせられているにもかかわらず，給料が大変安いのです。一部の学校では教員の基本的権利を無視しています。例えば，休み中には給料の支払い無し，教員宿舎も狭いのです。したがって，教員は良い職場が見つかると，すぐに転校あるいは転職します。

　北京市の調査によれば，2000年度上半期における教員の転職率（調査対象69クラス）は47.8％となっており，最悪の場合，1クラスで7人の教員が1学期に入れ替わりました[13]。教員の頻繁な入れ替わりは当然，生徒たちに心理的な不安を与え，正常な勉強に支障をきたしかねません。

　一方，民工子弟学校の生徒も流動性が高いのです。生徒たちは，よく親の転職に伴って転校します。学校では新学期の初めには生徒が少ないが，日が経つにつれ徐々に増えます。また年末になると，親と一緒に故郷に帰るので，一気に減ります。これはどの学校でもよく見られる風景です。

　しかし公立学校の子どもと比べ，異なる出身地から来た生徒同士が，休み時間にお互いに自分の故郷の風景，動物，言葉，飲食および生活習慣を比較しあい交流することを通じて，他の地域の友達ができるというメリットもあると言われています。

　さらに民工子弟学校自体も，流動性が高くなっています。北京の調査結果によれば一部の学校は登録住所が無く，15％の学校は移転した経験があります。

図表11-4　子どもを「民工子弟学校」に入学させる理由
(単位：%)

	北京市	上海市
授業料が安い	47.2	24.7
家に近い	17.5	35.2
入学退学の手続きが簡単便利	2.4	5.0
先生がいい	3.2	5.9
教育の質が高い	6.7	9.1
子供を差別しない	0.8	1.8
公立学校に行けない	17.1	12.8
その他	5.2	5.5
合計	100.0	100.0

出所：南亮進・羅歓鎮「民工の都市生活と子弟教育——北京・上海の事例研究」『中国研究月報』2006年7月号。

そのうち1年間で4回も移転した学校もあれば，ほぼ毎年1回のペースで移転する学校も数多くあります。

　では，こうした民工子弟学校に対して農民工自身はどのように考えているのでしょうか。

　図表11-4が示すように，農民工が子どもを民工子弟学校に通わせる主な理由として，"授業料が安い"ことと"家に近い"ことを多く挙げています。北京市と上海市ではやや数字が異なりますが，全体的な傾向は一致していることが読み取れます。前述したように，公立学校の場合は借読費と寄付金などの費用がかかります。それに比べると，毎学期300〜400元の授業料と学費で利用できる民工子弟学校の方が経済的負担は少額ですみます。また民工子弟学校では，設備が公立学校にかなわないが，農村地域の学校より"教育の質が高い"，"先生がいい"などのメリットもあります。例えば，比較的大きい民工子弟学校では，一部の農村地域に見られるような複数学級教育ではなく，少なくとも1学級1クラスであり，英語やパソコンなども多少教えています。"入学退学の手続きが簡単便利"であることも農民工の仕事にとって好都合であり，選択の理由となっています。

（5） 流動児童の教育の現状

民工子弟学校の授業風景

近年，農民工の子ども教育に関して，政府は積極的に改革を進めています。武漢市は2004年3月，公立学校に就学する流動児童に対して，現地の子どもと同じ基準で費用を徴収することを決め，政府の審査に合格した民工子弟学校に入学する場合は，市の物価局の公定基準で費用を徴収するようになっています。また同年9月から，北京市では義務教育を実施するすべての公立小中学校は条件を満たしている農民工の子どもを入学させるようになりました。借読費の免除も決定されました。2005年2月の時点で，北京市にいる34万5,000人の流動児童のうち，63％が公立学校で借読しており，民工子弟学校への就学は28.6％にとどまっています[14]。

しかし，流動児童の教育は楽観できない部分も依然として多くあります。2006年，北京市の未認定民工子弟学校は239ヵ所，在校生徒数は9万5,092人もいます。市政府は基本的に分散，合理化，閉鎖の方向で，条件を満たさない民工子弟学校を取り締まり，その生徒を一部の公立小中学校に入学させる方針を採っています。このような政府の政策転換による民工子弟学校の閉鎖に対して，学校側と保護者側が強い抵抗を示しました。

2006年7月，同市海淀区の37ヵ所の民工子弟学校は区政府の通知によって閉鎖され，1万5,000人の生徒は周辺の公立学校に分散入学されることが決まりました。しかし，周辺の公立学校は受け入れる人数に限界もあって，指定された公立学校に入学しない人が相次ぎました。結局，民工子弟学校は閉鎖されてから1ヵ月も経たないうち，区政府から暗黙の了解を得て，再び開校することになりました。しかも，そのほとんどの学校では生徒数が変わっていません[15]。

各地方の公立小中学校にとっては，流動児童を受け入れる人数が多ければ多いほど財政への圧力が高まります。全国で最初に農民工の子ども教育問題の解決を手がけた広東省東莞市の経験によれば，短期間で流動児童を公立学校に受け入れさせることは，ほぼ不可能とのことです。

2000年以降，当該市は財政支援の下で，流動児童をほぼ100％公立学校に入

学させましたが，3年間で倍増した大量の生徒が本来余裕のある学校に重い負担をかけるようになりました。そこで，市政府は民間学校の設立を支援する方針に転換しました。その結果，流動児童の公立学校の入学率はやや減少しています。

　財政力の弱い地方行政にとって，現行教育体制の下での流動児童の受け入れは耐えがたい負担になっています。分級負担という方針により，各小中学校は所在区の行政主導と管理に従うことが決定されましたが，国の財政拠出は変わっていないため，該当地域の財政は地域間の格差を残したまま，他地域からの子ども教育にも支出しなければならないことになっています。

　こうした政策の転換にもっとも翻弄されているのは子どもです。多くの子どもは農村地域の学校から民工子弟学校へ，さらに公立学校へと転々せざるを得ません。これは大切な成長期にある子どもにとっては，もちろん深刻な問題です。

③　留守児童の生活環境

（1）　留守児童の実情

　中国人民大学人口研究所の推計によれば，留守児童の数は全国で2,290万人を超えています。そのうち，片親と一緒に暮らしている子どもは56.4％であり，祖父母と一緒に生活している子どもが32.2％です[16]。これらの子どもは，農民工の流出が多い四川省，安徽省，湖南省，江西省，河南省，湖北省などの中西部に集中しています。

　留守児童の扶養は異なる社会関係によって，①祖父母の扶養あるいは片親の扶養，②親戚の扶養，③近隣の扶養，④自己管理の4種類に分かれます。2005年浙江省の調査では，流動児童と留守児童を対象に，それぞれの教育状況を比較しました。その結果によれば，留守児童296人のうち，95.5％が祖父母と一緒に暮らしており，残りの4.3％が他の親戚と一緒に住んでいます。親と一緒に各地を転々としながら暮らしている流動児童より，留守児童の方が祖父母と一緒に住む比率が高くなっています。また，①両者は生活の質を見れば，あまり変わりがないこと，②子どもの精神と健康状態においては流動児童より留守児童の方がかなり不安定の状況にあること，③周辺の人間関係への適応におい

ては，留守児童は流動児童より上手くいっていることがあります。さらに，④将来の夢について，流動児童は「個人経営者になりたい」，留守児童は「大学に進学したい」という回答が圧倒的に多数を占めました。

　出稼ぎ農民工の増大に伴い，今日，留守児童は農村教育の盲点となっています。特に留守児童の精神面および健康面は無視できないほど，大きな問題となっています。多くの子どもはその祖父母によって生活の維持を図られており，高齢者の身体状況を考えると，重い負担がかかっていることがよく理解できます。

　他方，こうした留守児童は孤独感を抱えており，よく冷たい態度や反抗行動を示したりします。親の役割を代替できない祖父母（や親戚）は，子どもに対して自由放任的で，溺愛する傾向があります。その点では，親の側にいる流動児童の方が安定的な親子関係を持つことができると言えます。また留守児童の場合，親は子育てに関わらず，もっぱら経済面で子どもを満足させようとして，多めに小遣いを与えます。一部の子どもによる学校外での不適切な行動，不登校，さらに犯罪はこのような状況の結果でもあります。

（2）留守児童の問題点

　現在中国では，"留守児童は成績のよくない子の代名詞である"と言われています。留守児童には，教員側と保護者側から見ると，成績が悪く自閉的で劣等感を持つ子が多いようです。特に親が出稼ぎに出た後に成績の低下が顕著に見られます。四川省の仁寿県では，100万人の農民工のうち半数以上が他の都市で就労していたため，義務教育段階にある留守児童がおよそ13万8,000人に達しました。県教育局の責任者の説明によれば，県が行った2,000人の留守児童に対する学力調査では，48％の子どもは成績が悪く，ほかの40％も中間以下のレベルにとどまっています。こうした現実に対して，農民工はどのように考えているのでしょうか。1人の農民工の言葉を引用します。

　「子どものことを考えていないわけではない。家族の生活を維持していくためには，仕方が無いのです。」

　こう話した胡さんは四川省から江西省南昌市へ出稼ぎに来ており，親戚に預けた子どもと3年も会っていないとのことです。こうして農民工の家族では親子関係が，かなり薄くなっているようです。

４　農民工の子ども教育対策

　農民工の子ども教育の問題は，さまざまな側面から捉えることができます。この章では流動児童と留守児童の視点から，その現状および問題点を明らかにしてきました。両者は教育環境が異なりますが，都市部の子どもよりも深刻な問題を抱えている点では共通しています。これらは農民工の子どものだけの問題というより，社会制度や教育制度そのものに内在する問題でもあると言えます。

　では，どのような対策をとるべきか，まず義務教育段階にある子どもたちに対する教育保障の徹底は，なにより重要です。憲法第46条は，「中国人民共和国の国民は教育を受ける権利と義務を有する」，「国家は青年，少年，児童の道徳，知力，体質などを全面的に発展させ育成する」ことを定めています。一方，現実には農民工の子どもの教育権利に対する国家の保障は大変不十分です。

　農民工の子ども教育について，牧野篤は「義務教育学齢期にある農民工の子どもに対する基礎教育の保障は，行政的には看過しえない問題である」と指摘しています[17]。中央政府は2003年から農民工政策を転換し，教育問題の解決へ向けて動き始めました。

　しかし，政府は問題を解決するためにもっとも重要な財源負担については，地方政府の財政に任せるというこれまでの方針を変えていません。そのため，従来の地域間格差が農民工の子どもの教育にそのまま反映しています。貧しい地域では教育レベルの低さと費用の抑制，経済の先進地域では利益の追求といったことから生じた社会的排除により，農民工の子ども教育が犠牲になっています。

　この問題を根本的に解決するためには，憲法の規定に基づき現代社会に見合った平等な教育制度を設ける必要があります。具体的には中央政府の財政調達を通じて地域格差を是正し，義務教育段階にあるすべての子どもに対して学費などの負担を免除し，その教育を受ける権利を保障することです。

　また，農民工の待遇と社会的地位の改善を図りながら，彼らの子ども教育に漸進的に取り組んでいくことも必要不可欠です。具体的には，農民工と一般市民，農民工の子どもと都市部の子どもを平等に扱い，流動児童と留守児童のそ

れぞれの特徴と問題点を踏まえ，社会教育と学校教育の役割を充実させていくことです。例えば流動児童の場合は公立学校への入学手続きを簡素化し，公立学校だけでなく，民間学校に対しても徹底的な調査を行い，監督や補助機能を持つ公的組織を通じて，子どもに質の良い学校教育を提供できるように努める必要があります。さらに，留守児童が抱えるさまざまな悩みについて，学内外で相談できる仕組みを設けることも考えられます。

注
1） 教育部『2005年全国教育事業発展統計公報』。
2） 中国研究所編『中国年鑑2006』創土社，2006年，357〜358頁。
3） 上海市教科院発展研究中心「中国普及義務教育の進展および問題分析」『教育発展研究』2002年第12期。
4） 王景英編『農村中学校学生中退問題研究』東北師範大学出版社，2003年，5頁。
5） 『中国教育報』2002年3月12日付。
6） 史柏年『城市辺縁人—進城農民工家庭及子女問題研究』社会科学文献出版社，2005年，7頁。
7） 山口真美「民工子弟学校—上海における『民工』子女教育問題」『中国研究月報』2000年9月号。
8） 同前書。
9） 李培林『農民工—中国進城農民工経済社会分析』社会科学文献出版社，2003年，164〜165頁。
10） 同前書，164頁。
11） 南亮進・羅歓鎮「民工の都市生活と子弟教育—北京・上海の事例研究」『中国研究月報』2006年7月号。
12） 中国の農村部では，教員の不足を解消するために，その地域の共同体が給料を支払って一定の知識や教育経験を持つ人を教員として採用することがあります。
13） 李培林　前掲書，217頁。
14） 国務院研究室課題組編『中国農民工調研報告』中国言実出版社，2006年，372頁。
15） 『新京報』2006年8月28日付。
16） 国務院研究室課題組編　前掲書，229頁。
17） 牧野篤『中国変動社会の教育』勁草書房，2006年，222〜225頁。

第11章　農民工の子ども教育

コラム

「黒校車」

「1台の中古バスの中には，登校する生徒がいっぱい乗っています。学校に着くと，ドアではなく，バスの窓口から飛び降りる生徒もいました。ほかのバスは警察の検査を避けるために，途中で待っている生徒を無視して通過し，学校へ直行しました。」2006年12月，真冬のある朝，北京市朝陽区の警察は数台のスクールバスを定例検査したところ，定員を大幅に超えている状態が明るみに出ました（『中国教育報』2006年12月5日付）。

このようなスクールバスは「黒校車（違法スクールバス）」と呼ばれ，民工子弟学校の学校側または保護者側が子どもの交通不便を解消するために，個人経営のバスをチャーターしたものです。毎月各生徒の乗車距離によって費用を徴収していますので，安くて保護者側でも評判が良いのです。

一方，これらのスクールバスに"黒"という文字を付けられたのは理由があります。それは，①農民工の子どもを対象とする，②交通管理機関の許可や教育行政部門の認定を受けていない，③交通ルールを守っていない，④運転手が無免許で運転することが多いからです。警察当局の統計によれば，ほとんどのバスは廃車に近い状態で，ほぼ定員より2倍以上の生徒を乗せて走ります。11月29日，上海市青浦区のあるスクールバスは14名の定員に対し，23名の小学生を乗せて走っていたのです。

最近，新聞やテレビの報道も盛んに取り上げられるため，農民工の子ども教育が政府と国民から広く注目されるようになりました。政策の転換により農民工の子どもの入学問題は徐々に解決されてはいますが，子どもたちはどうやって登校するか，といった交通の問題も当然出てきます。黒校車はますます混雑する都市交通の中で考え出された1つの対処法です。

一方，相次いで発生する交通事故を減らすために，地方政府の関連部門がさまざまな施策を打ち出し始めました。例えば，2006年3月，北京の豊台区は区内50台のスクールバスに試験的運転の許可書を与えたほか，スクールバスの無免許運転について検挙通報の電話番号を設置し，連絡に応じて違法バスを取り締まるようになりました。東城区教育委員会の責任者は，現在，当該地域内のスクールバス150台に対して整理を行い，他の地域の免許を持つ車，個人の車両，破損度が高い車が徐々にスクールバスから排除され，処理されていくと表明しました。

それと関連して，農民工の子どもだけではなく，小・中学校の生徒を対象とするスクールバスがいかに関連法規を遵守し，ルールを守り，登校する子どもの安全を確保するかということも大きな課題になるでしょう。

2007年9月1日，国家基準化管理委員会はスクールバスの基準を新たに設けました。中ではスクールバスの定義について，「校車とは，幼稚園児5名以上を含め，小・中学校の教育機関で教育を受ける生徒および彼らの管理者が登校あるいは下校するための客用車を指し，専用と非専用の2種類に分ける」と定めています。当該基準はさらに，スクールバスの定員数，マーク，シートベルト，窓ガラス，車内通路の設置などについても厳しい規定を設けています（『新華ネット』2007年8月26日付）。

索　引

あ　行

空巣家庭　82
一時帰休労働者　12
浮気　53
衛生部　36
NPO団体　138
エンゲル係数　5
大型連休　24
親子鑑定　53
温家宝　13

か　行

改革開放　2, 123
海亀派　77
街道社区服務　132, 134
　——中心　132
科学的発展観　13
格差社会　15
学制の改革に関する決定　158
可処分収入　21
家族の扶養機能　85
家庭内暴力　53, 55
帰国留学生　78
技術労働者　73
基礎年金口座　112
義務教育　61, 62, 66
　——法　65, 161
教育機会　63
教育財政　65
教育資源　76
教育部　61
教育法　62
協会機構　136
共産党員　130
行政機構　136

行政組織　124
協調機構　136
居民委員　124
　——会　124
居民委員会適正者名簿　133
空帳問題　118
計画経済　33
計画出産　44
敬老院　16
ゲゼルシャフト　125
血縁　139
月光族　27
結婚撮影　48
結婚式　45
結婚費用　49
ゲマインシャフト　125
広告産業　34
喉舌　33
郷鎮企業　108
購買力　24
幸福感　15
公務員　71
　——年金制度　102
高齢化のスピード　84
高齢化率　109
晴老族　92
胡錦濤　13
国際労働機関　1
戸口登記条例　172
国内総生産　21
国務院　16
国有企業　9, 111
国有経済セクター　114
国連開発計画　1
瞽手通文　156
個人年金口座　112

208

索　引

謦欬通文館　155
誇大広告　35
国家工商総局　36
国家統計局　4
胡同　127, 131
湖南導盲学校　157
五保戸　133
コミュニティ（community）　125
　──活動　138
婚姻登記条例　52
婚姻法　57
婚姻率　51
婚慶公司　46

さ　行

財政部　67
最低生活保障制度　8
3・1・1計画（星光計画）　134
三者負担　112
三種の神器　48
「三無」高齢者　86
私営・個人企業　108
志願者　141
四合院　127
慈善法　141
失業者　12
失業率　68
ジニ係数　1
社会階層　65
社会資源　139
社会主義経済体制　9
社会主義新農村　13
社会専職工作者　130
社会単位　128
社会の調和度　14
社会福祉協議会　138
社会福祉サービス　152
社会福祉の社会化　90
社会福祉法　138
社会福利院　16
社会問題　123

社区　123, 151
社区居民委員会　125, 134
　──の下部組織　134
社区建設　137
社区障害者協会　152
社区単位為老服務協議書　128
社区単位為老服務名簿　128
社区服務　126
　──中心　124
就業・生活保障　101
就業ルート　146, 147
就職難　71
集団企業　103
十二支　59
住民委員会　52
障害児教育形態　165
障害児童の義務教育　163
障害児童の入学率　167
障害者教育条例　164
障害者就業条例　146
障害者就業保障金　148, 149
障害者の就業率　148
障害者保障法　145
奨学金制度　167
職業技能訓練　175
所得格差　4
所得再分配　7
人口・計画出産法　44
人工中絶　42
人事部　78
随班就読　163
　──の問題点　166
頭脳労働　73
清華大学　141
生活習慣病　39
星光計画基本資料台帳　133
生産自救（生産による自助）　159
生産による自助　146
政府建不起，老人住不起　94
赤十字社法　138
絶対貧困者　25

209

全国高齢者事業委員会　81
全国障害者サンプリング調査　163
全国障害者の日　154
全国消費者協会　37
全国人民代表大会　37
全国婦女連合会　51
総合実践活動　191
ソサイアティー（sociaty）　125

　　　　　　た　行

ダイエット　36
代替率　105
第2回全国障害者サンプリング調査　143
択校生　80
択校費　80
単位　123
地域間の差　84
地縁　139
知的障害児教育　161
中国障害者事業5カ年活動要綱　144, 163
中国障害者事業第8次5カ年計画要綱　147, 165
中国障害者福利基金会　144
中国の障害児者教育　155
中国盲人福利会　159
中国盲人聾唖人協会　159
中国聾唖人福利会　159
忠誠協議書　54
超コネ社会　30
調和社会　13
積立方式　117
DV　55
丁族克　42
低賃金・高就業　101
登州啓暗学館　156
特殊学校　164
特種教育　156
都市住民最低生活保障　150

　　　　　　な　行

南京市立聾唖学校　157
肉体労働　73

二重構造　7, 82
年金給付　102
年金保険制度　101
年金保険料　101
農業戸籍　3
農業税　14
農業税条例　14
農村社会養老保険　11
農村の生活保障制度　151
農民工　171

　　　　　　は　行

抜改貸　107
非国有経済セクター　114
美容院　26
美麗産業　26
貧富格差　2
賦課方式　105
普及と向上　165
福祉国家　139
福祉の否定　160
富裕層　64
扶養問題　123
ブライダル市場　47
ブランド志向　28
不倫　53
文化大革命　103
北京大学　141
包工頭　180
包二奶　44

　　　　　　ま　行

未婚率　44
未就学児童　167
民工子弟学校　198
民工潮　171
民政部　11, 126
民弁非企業営業執照　130

　　　　　　や　行

優撫配置　6

索　引

養児防老　93
4：2：1構成　93

ら　行

ライフスタイル　25
利改税　107
離婚率　51
離職休業者　11

留学ブーム　74
劉先驥　157
流動児童　196
留守児童　203
老人包護組　87
労働・社会保障部　3, 16
労働保険条例　101
老養小　91

211

執筆者紹介 (所属, 分担, 執筆順, ＊は編著者)

＊王　　文亮（編著者紹介参照：第1章, 第2章, 第3章, 第4章）

　包　　　敏（広島国際大学医療福祉学部准教授：第5章）

　于　　　洋（城西大学現代政策学部専任講師：第6章）

　横浜勇樹（三重中京大学短期大学部准教授：第7章）

　眞殿仁美（九州看護福祉大学看護福祉学部専任講師：第8章, 第9章）

　劉　　綺莉（金沢大学大学院社会環境科学研究科博士課程：第10章, 第11章）